Peter Kürsteiner

Gedächtnistraining

Mehr merken mit
Mnemotechnik

- Grundlagen der Gedächtniskunst
- Hören und zuhören
- Namen merken kein Problem
- Zahlen merken eine Kunst
- Lesen – verstehen – behalten
- Praxisnahe Übungen

UEBERREUTER

Die Deutsche Bibliothek – CIP-Einheitsaufnahme

Kürsteiner, Peter:
Gedächtnistraining : Grundlagen der Gedächtniskunst, Hören und Zuhören, Namen merken kein Problem, Zahlen merken eine Kunst, Lesen – Verstehen – Behalten, praxisnahe Übungen / Peter Kürsteiner / Inga Berkensträter. – Wien ; Ueberreuter, 1998
(New Business Line ; 86) (Manager-Magazin-Edition)
ISBN 3-7064-0399-4

S 0361 1 2 3 / 2000 99 98

Technische Redaktion: Dr. Andreas Zeiner
Illustrationen und Coverillustration: Inga Berkensträter
Umschlag: Kurt Rendl

Printed in Hungary

Inhalt

Vorwort von Ulrich Kramer, Diplompsychologe

Vergessen, verdrängen ... erinnern!

Vor kurzem wurden mir auf einer Party ca. 20 Personen vorgestellt. Danach wußte ich allerdings nur noch drei Namen. Vergessen hatte ich die anderen Namen aber nicht. Ein Widerspruch? Keineswegs! Die 17 Namen gingen zum einen Ohr rein und zum anderen wieder raus! Einfach auf Durchzug geschaltet. Ich hatte mir diese Namen erst gar nicht eingeprägt. Sie können nämlich nur das vergessen, was Sie sich vorher auch irgendwann eingeprägt haben, ansonsten wüßten Sie überhaupt nicht, daß Sie etwas vergessen haben. – Sie können ja auch nur etwas verlieren, was Sie einmal besessen haben.

Diese Zusammenhänge zwischen Abspeichern (Merken), Vergessen und Erinnern wurden mir auf einem Gedächtnistrainings-Seminar mit Peter Kürsteiner klar. Als Psychologe helfe ich Menschen dabei, sich verschüttete Erlebnisse aus ihrer Vergangenheit wieder zugänglich zu machen. Ich helfe ihnen, sich an Vergessenes zu erinnern. Dennoch fiel mir nie auf, wie sehr der Verdrängungsmechanismus bei Neurosen und Psychosen doch dem Funktionsmodell gleicht, das die Gedächtnistrainer verwenden. Genausowenig war mir klar, wie man diesen Mechanismus zum eigenen Vorteil verwenden kann.

Als Beispiel für diesen Zusammenhang nehmen wir doch am besten Herrn Friedrich: Als Baby erlebt er etwas Übles – er rollt vom Wickeltisch herunter, fällt auf den Boden, schlägt sich den Kopf an und schreit. Seine Mutter kommt, hebt ihn auf, und alles scheint wieder in Ordnung. Doch stecken in diesem Erlebnis Schock, Schmerz und ein Fall in die Tiefe. Heute, im Alter von 36 Jahren, hat Herr Friedrich Höhenangst. Manchmal sogar in Kombination mit Kopfweh. Und das ist ihm unerklärlich.

Der Zusammenhang? Ein traumatisches (angsterfülltes) Geschehen wurde erlebt, abgespeichert und aufbewahrt – aber sozusagen auf einem der hinteren Regale im Gedächtnis. Herr Friedrich wollte es mit Gewalt vergessen. Er »verdrängte« es, wie man sagt.

Schön und gut – nur: Verdrängte Erlebnisse sind reaktivierbar! Irgend etwas in der Umgebung mag dem Inhalt des ursprünglichen Geschehnisses ähneln, als Auslöser dienen und – zack! – schon kommt das verdrängte Erlebnis in den Vordergrund, nimmt den Platz auf dem vordersten Regal ein, bläht sich auf, macht sich dick und rund – und fängt an, Herrn Friedrich zu belasten.

Herr Friedrich weiß sich nicht zu helfen. Das Ganze ist ihm ein Rätsel. Wie ist er in diese Lage geraten? Nun: Erstens hat er das ursprüngliche Geschehnis verdrängt; zweitens nimmt er die Auslöser in seiner Umgebung nicht wahr, die das Urgeschehnis immer wieder in ihm wachrufen. Er agiert nicht, er re-agiert.

Beispiel: Als Jugendlicher geht Herr Friedrich ins Schwimmbad. Er steht auf dem Dreimeterbrett, kurz vor dem Absprung, schaut in die Tiefe und erblickt auf dem Rasen ein schreiendes Baby. Plötzlich wird ihm mulmig. Er springt nicht vom Brett, sondern steigt lieber die Leiter wieder hinunter. Und so ähnlich geht es dann weiter mit ihm, und es wird immer schlimmer.

Herr Friedrich re-agiert auf seine Auslöser, statt bewußt zu agieren. Deswegen gibt es für ihn unkontrollierbar viele Auslöser. Weil sie verdrängt sind, wird er zu ihrem Opfer. Beim Lernen hingegen schafft man sich seine Auslöser bewußt und setzt sie gezielt ein.

Womit wir bei der Mnemotechnik (Gedächtniskunst) wären. Der Mechanismus ist der gleiche; nur wird hier aktiv betrieben, was bei Herrn Friedrich reaktiv abläuft. Die große Rolle spielen das Abspeichern und der Auslöser.

Abspeichern entsteht dadurch, daß man seine Aufmerksamkeit auf einen Lerngegenstand richtet und sich voll auf ihn konzentriert. Wichtig ist, daß man ihn bildhaft und anschaulich wahrnimmt. Man macht sich ein geistiges Abbild und legt es ins Archiv.

Bei Herrn Friedrich (als Baby) lief dies unbewußt und ungewollt ab. Beim Lernen hingegen macht man daraus eine bewußte und gewollte Aktion. Man richtet seine Aufmerksamkeit auf Lerninhalte mit dem klaren Vorsatz, diese abzuspeichern. Und siehe da, es klappt.

Beispiel: Sie treffen einen Herrn Baumgärtner. Um sich seinen Namen zu merken, stellen Sie sich vor, wie er in seinem Garten einen großen Baum gießt. Dieses Bild legen Sie in Ihrem »Gedächtnis-Archiv« ab. Den Namen »Baumgärtner« haben Sie sich nun gemerkt.

Treffen Sie Herrn Baumgärtner nach einiger Zeit wieder, so fällt Ihnen sein Name blitzartig wieder ein. Sein Gesicht, seine Erscheinung, seine Stimme am Telefon dienen als Auslöser für das geistige Bild, das Sie sich gemacht haben: Er steht als Gärtner am Baum. Es geht mühelos.

Lernen kann mühelos sein, wenn man weiß, wie man Inhalte bewußt speichert und bewußt wieder abruft.

Man kann den Verstand so oder so verwenden: als geistige Schutthalde, deren Inhalte sich über einem auftürmen, gelegentlich zusammenbrechen und einen unter sich begraben, oder als ordentliches Inventar, auf das man jederzeit blitzartig Zugriff hat.

Soviel zum Allergrundsätzlichsten. Klar, daß es zum Thema Gedächtnistraining noch eine ganze Menge Tricks und Hilfen gibt, sonst hätte Peter Kürsteiner ja nicht ein Buch darüber zu schreiben brauchen. – Viel Spaß beim Lesen!

Vorwort des Autors

»Was, du liest ein Buch über Gedächtnistraining? Dann hast du es wahrscheinlich auch nötig«, sagte ein Herr zu seinem Kollegen.

Aus Erfahrung kann ich sagen, daß fast ausschließlich diejenigen in meinen Gedächtnisseminaren erscheinen, die noch besser werden möchten, und nicht die, die es nötig hätten. Manche denken zwar, sie hätten es »nötig«, dabei sind sie oft viel besser, als sie glauben.

Wer ein ganz schlechtes Gedächtnis hat, der merkt es erst gar nicht. Wenn Ihnen einfällt, daß Sie etwas vergessen haben, dann funktioniert Ihr Gedächtnis noch gut, lediglich der Zeitpunkt des Abrufens war nicht optimal. Es hat demnach der richtige Auslöser zur richtigen Zeit gefehlt. Ein Problem, welches sich mit den richtigen Methoden beheben läßt.

Egal in welchem Zustand Ihr Gedächtnis ist, es freut mich, daß Sie sich dafür entschieden haben, etwas für Ihren geistigen Computer zu tun. Aus den Erfahrungen meiner Seminare weiß ich, daß sich jeder verbessern kann, unabhängig davon, wie gut er heute schon ist.

Danksagung

Ohne die Hilfe vieler Personen wäre es mir nicht möglich gewesen, dieses Buch zu schreiben.

Vor allem möchte ich Wilfried Possin danken, dessen Schüler ich sein durfte. Wilfried Possin ist Gedächtniskünstler, der als einer der ersten Seminarleiter auf diesem Gebiet die Mnemotechnik in deutschen Unternehmen eingeführt hat. Er ist bestens als solcher bekannt und war auch bei Frank Elstner Stargast der Fernsehsendung »Aber hallo«, der die neuen Postleitzahlen aus dem Kopf auswendig abrufen konnte. Er bildete mich 1990 zum Gedächtnistrainer aus, brachte mir viele Tricks der Mnemotechnik bei und legte damit den Grundstein für dieses Buch.

Großer Dank gebührt auch meiner Frau Beate, die mich bei diesem Buch sehr unterstützte.

Und da ist noch Inga Berkensträter, die für die genialen Zeichnungen gesorgt hat und damit den Wörtern mehr Lebendigkeit verleiht.

Vielen Dank auch an die fleißigen Testleser, die dem Buch noch den letzten Schliff gaben. Und zuletzt auch noch vielen Dank an alle Seminarteilnehmer, mit denen ich viele Stunden Mnemotechnik in der Praxis trainieren konnte und ohne deren Anregungen das Buch nie entstanden wäre.

Ich wünsche Ihnen viel Spaß und auch viel Erfolg mit diesem Buch!

Peter Kürsteiner

Wie das Buch entstand

Das Buch entwickelte sich aus einem Skript für Gedächtnisseminare, die ich seit Jahren für Firmen und Institute durchführe. Nach und nach entstanden immer mehr Übungen, die für die Seminarteilnehmer zusammengestellt wurden.

Es bestand bei vielen Teilnehmern der Wunsch, die erlernten Inhalte mit einem Buch noch weiter zu vertiefen. Nachdem ich den Ursachen-Test entwickelt und im Seminar eingesetzt hatte, baten mich immer öfter Teilnehmer um eine Kopie der Seminarunterlagen für Ehepartner, Kollegen oder Freunde. Dies war schließlich der Auslöser, das Buch zu schreiben. Das Ergebnis halten Sie heute in Ihren Händen.

Wie das Buch aufgebaut ist

Durch die Arbeit in den Seminaren beeinflußt, habe ich mich in diesem Buch hauptsächlich auf Informationen und Übungen beschränkt, die Ihnen einen direkten Erfolg und eine Hilfe in Ihrem täglichen Leben bieten sollen. Medizinische Details über Neuronen und Synapsen, die bei dem jeweiligen Speichervorgang beteiligt sind, wurden zurückgestellt zugunsten praxisnaher Übungen.

Am Anfang eines jeden Kapitels gibt es eine kurze Einleitung zum Inhalt und dazu, welchen Nutzen Sie daraus ziehen können. Sollten Sie sich davon nicht so angesprochen fühlen, empfehle ich, ruhig einmal ein Kapitel auszulassen und nach dem nächsten für Sie interessanten zu suchen. Dies ist auf jeden Fall besser, als sich an einem für Sie nicht so wichtigen Stoff festzubeißen und deswegen das ganze Buch zur Seite zu legen.

Das Buch ist voller interessanter Übungen. Sie ziehen natürlich den größten Nutzen daraus, wenn Sie den Anfangs- und den Vergleichstest und auch die Übungen aktiv durchführen. Am Ende jedes Kapitels finden Sie zu Ihrer eigenen Überprüfung einige Fragen zum Inhalt, den Sie gerade gelesen haben.

Sollten Sie Fragen, Anregungen, Vorschläge oder Wünsche bezüglich dieses Buches haben, so freue ich mich über Ihren Brief. Meine Adresse finden Sie am Ende des Buches im Abschnitt »Ihre Meinung ist mir wichtig!«.

Teil 1:

Wie gut ist Ihr Gedächtnis heute?

Bevor wir mit den Übungen anfangen, sollten wir zuerst einmal feststellen, wie gut Ihr Gedächtnis heute ist.

1.1 Anfangstest – testen Sie Ihr Gedächtnis

Auf den folgenden Seiten finden Sie einige Übungen, die als Anfangstest gedacht sind. Am Ende des Buches finden Sie ähnliche Übungen als Vergleichstest.

Durch ein Seminar steigern sich die Teilnehmer durchschnittlich um ca. 100 Prozent. Wie wäre es denn, wenn Sie sich durch dieses Buch auch um soviel steigern würden? Am besten können Sie dies natürlich feststellen, indem Sie die beiden Tests und die Übungen auch wirklich durchführen.

Wahrscheinlich kommt Ihnen der Test während des Einprägens viel zu lang oder gar zu schwierig vor. Wichtig ist, daß Sie trotzdem durchhalten. Halten Sie bitte auch die angegebenen Zeiten ein, damit Sie zum Vergleichstest auch gleiche Testbedingungen haben. Führen Sie bitte erst alle Übungen durch, bevor Sie zur Auswertung gehen. Insgesamt haben Sie 12 Minuten 40 Sekunden Zeit für diesen Test. Ein Blick auf die Uhr – und los geht's.

Geheimwörter

Merken Sie sich folgende Geheimwörter (Zeit: 10 Sek.):

Geheimwort für Computerzugang: ______________________________ *Kobold*
Geheimwort für Sparbuch: ______________________________ *Teddybär*

Arbeitsanweisungen

Merken Sie sich folgende 12 Arbeitsanweisungen (Zeit: 2 Min.):

1. Post durchsehen
2. Den Fernseher vom Hotel holen
3. Herrn Hase anrufen
4. Flugticket bei der Kostenstelle einreichen
5. Klarsichthüllen bei Firma Sanden kaufen
6. Overheadprojektor zur Reparatur bringen
7. Videobänder zurückgeben
8. Bericht für Kunden fertigstellen
9. Freund zum Geburtstag gratulieren
10. Bahnfahrkarte kaufen
11. Blumen für Ehepartner kaufen
12. Angebot für Lautsprecher einholen

Autonummern

Merken Sie sich folgende Autonummern (Zeit: 1 Min.):

N-MA 386 MYK-OR 42 FB-D 615

Vokabeln

Merken Sie sich die deutsche Bedeutung der folgenden italienischen Vokabeln (Zeit: 1 Min.):

oro – Gold	camicia – Hemd	tavolo – Tisch	coltello – Messer
carta – Papier	pantalone – Hose	lavoro – Arbeit	legno – Holz

Namen

Merken Sie sich folgende Namen zu den Fotos (Zeit: 1 Min. 30 Sek.):

Frau Scharfetter

Frau Bock

Frau Zinsmeister

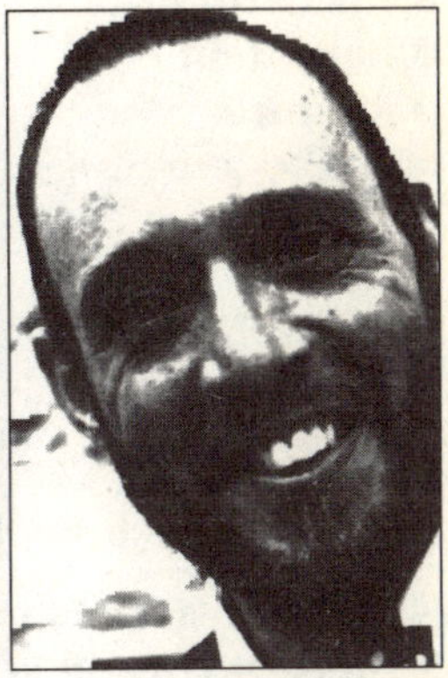
Herr Burg

Herr Possin

Herr Schiemann

Frau Lange

Herr Chormann

Einkaufsliste

Merken Sie sich folgende Einkaufsliste (Zeit: 2 Min.):

● Küchenrolle	● Salz	● Milch	● Marmelade
● Kartoffeln	● Nudeln	● Gurken	● Mehl
● Joghurt	● Kerzen	● Kamillentee	● Waschmittel
● Fußbodenreiniger	● Quark	● Seife	

Wegbeschreibung

Merken Sie sich folgende Wegbeschreibung (Zeit: 2 Min.):

Sie wollen nach Buchstadt und fragen nach dem Weg.

Nach Buchstadt fahren Sie

- zuerst Richtung Wurzelbach.
- An der 3. Ampel auf der Landstraße
- biegen Sie links nach Mückendorf ab.
- Sie fahren durch Mückendorf durch und weiter nach Birkenhausen.
- In Birkenhausen fahren Sie an der Post
- rechts nach Deckendorf.
- In Deckendorf geht dann die B 55 links ab. Die nehmen Sie.
- Nach ca. 15 km kommt Buchstadt.

Zahlen

Merken Sie sich folgende Zahlen (Zeit: 3 Min.):

Geheimzahl Scheckkarte ______________________ 1582
Geheimzahl Safeschloß ______________________ 8376

Telefonnummern

Herr Müller ______________________ 648210
Frau Meier ______________________ 896321
Herr Schmidt ______________________ 327632

Der Test ist nun zu Ende. Haben Sie ihn durchgehalten? Falls ja, dann können Sie darauf stolz sein.

Gehen Sie jetzt bitte zur Auswertung.

1.2 Auswertung des Anfangstests

Nachdem Sie nun den Test durchgeführt haben, können Sie mit der Auswertung beginnen. Schreiben Sie einfach alles, was Ihnen einfällt, in die jeweiligen Zeilen. Halten Sie sich nicht lange mit Informationen auf, die Ihnen nicht spontan wieder einfallen. Gehen Sie dann zum nächsten Thema, und versuchen Sie es später noch einmal.

Schreiben Sie zuerst alles auf, bevor Sie nachschauen, ob die Ergebnisse auch richtig sind. Viel Erfolg beim Erinnern an die eingeprägten Informationen!

Geheimwörter

Geheimwort für Computerzugang – 2 Punkte ____________ ________

Geheimwort für Sparbuch – 2 Punkte ____________ ________

Punktzahl ________ (4)

Arbeitsanweisungen

je ein Punkt, bei richtiger Position je ein Zusatzpunkt – gesamt 24 Punkte möglich

1. ____ ________
2. ____ ________
3. ____ ________
4. ____ ________

5. ______________________________ ________
6. ______________________________ ________
7. ______________________________ ________
8. ______________________________ ________
9. ______________________________ ________
10. ______________________________ ________
11. ______________________________ ________
12. ______________________________ ________

Punktzahl ________ (24)

Autonummern

pro Stadtkürzel je 1 Punkt, für die Mittelbuchstaben 1 Punkt, pro gesamte Zahl je 1 Punkt, also pro vollständige Autonummer gesamt 3 Punkte, gesamt 9 Punkte möglich

1. ______________________________ ________
2. ______________________________ ________
3. ______________________________ ________

Punktzahl ________ (9)

Vokabeln

pro richtige Vokabel je ein Punkt, insgesamt 8 Punkte möglich

legno = ______________________________ ________

lavoro = ______________________________ ________

carta = ______________________________ ________

camicia = ______________________________ ________

pantalone = ______________________________ ________

coltello = ______________________________ ________

oro = ______________________________ ________

tavolo = ______________________________ ________

Punktzahl ________ (8)

Namen

pro erinnerter Name je 1 Punkt, bei richtiger Schreibweise je ein Zusatzpunkt – gesamt 16 Punkte möglich

☞

Herr ___________

Frau ___________

Herr ___________

Frau ___________

Herr ___________

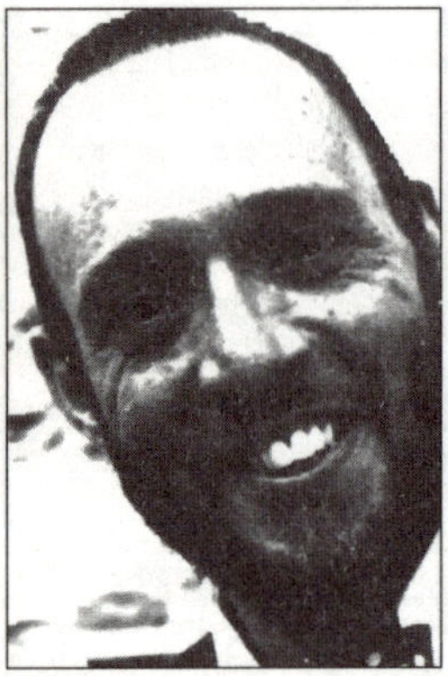

Herr ___________

Frau ___________

Frau ___________

Punktzahl ________ (16)

Einkaufsliste

pro richtige Information 1 Punkt, insgesamt 15 Punkte möglich

1. ____ ________

2. ______________________________ ______
3. ______________________________ ______
4. ______________________________ ______
5. ______________________________ ______
6. ______________________________ ______
7. ______________________________ ______
8. ______________________________ ______
9. ______________________________ ______
10. ______________________________ ______
11. ______________________________ ______
12. ______________________________ ______
13. ______________________________ ______
14. ______________________________ ______
15. ______________________________ ______

Punktzahl ______ (15)

Wegbeschreibung

pro richtige Information 1 Punkt, gesamt 8 Punkte möglich
Nach Buchstadt fahren Sie …

- ______________________________ ______
- ______________________________ ______
- ______________________________ ______

- ______________________________ ________
- ______________________________ ________
- ______________________________ ________
- ______________________________ ________
- ______________________________ ________

Punktzahl ________ (8)

Zahlen

pro richtige Ziffer (einstellige Zahl) an der richtigen Stelle 0,5 Punkte, gesamt 4 Punkte möglich

Geheimzahl Scheckkarte = ______________________ ________ (2)

Geheimzahl Safeschloß = ______________________ ________ (2)

Telefonnummern

pro richtige Ziffer 0,5 Punkte, pro richtige Zuordnung plus 1 Punkt, gesamt 12 Punkte möglich

Herr Müller = ______________________ ________ (4)

Frau Meier = ______________________ ________ (4)

Herr Schmidt = ______________________ ________ (4)

Punktzahl ________ (16)

Gesamtpunktzahl ________ (100)

Ergebnis:

0–20 Punkte:	Verlieren Sie nicht den Mut. Sie haben die größten Steigerungsmöglichkeiten. Wahrscheinlich haben Sie sich von der Menge der Informationen überfordert gefühlt. Wenn Sie die Übungen im Buch durchführen, dürfte sich bald der Erfolg einstellen.
21–40 Punkte:	Wahrscheinlich sind Sie mit Ihrem Ergebnis nicht zufrieden. Sehen Sie es als Herausforderung zur Verbesserung und nicht als Bestätigung dafür, daß Sie ein schlechtes Gedächtnis haben. Mit großer Wahrscheinlichkeit haben Sie kein schlechtes Gedächtnis, sondern es ist nur nicht richtig trainiert.
41–60 Punkte:	Gut gemacht. Auch wenn Sie nicht zufrieden mit diesem Ergebnis sein dürften, war Ihre Leistung für diesen Test normal. Wenn Sie die Tips und Techniken aus dem Buch beachten, können Sie sich um einiges steigern und Ihr Gedächtnis noch besser einsetzen.
61–80 Punkte:	Gratulation. Sie liegen über dem Durchschnitt. Wenn Sie Ihre Techniken zum Einprägen und zum Erinnern noch weiter optimieren, werden Sie noch besser. Sie sind auf dem richtigen Weg.
81–100 Punkte:	Sie sind ja super! Entweder haben Sie von Natur aus ein phänomenales Gedächtnis, oder Sie haben sich bereits mit der optimalen Verwendung Ihres geistigen Computers beschäftigt. Haben Sie Lust, anderen Ihre Fähigkeiten zu vermitteln? Falls ja, schreiben Sie mir.

Seien Sie bitte nicht von einem schlechten Ergebnis frustriert. Je schlechter Ihr Ergebnis, um so größer sind Ihre potentiellen Steigerungsmöglichkeiten.

Teil 2:

Was beeinflußt das Gedächtnis?

Nachdem Sie jetzt den Test gemacht haben, fragen Sie sich wahrscheinlich: »Was ist denn der Grund, warum ich manchmal Dinge vergesse?« Dies fragen immer wieder Seminarteilnehmer. Es gibt jedoch nicht nur einen einzigen Grund, sondern viele Ursachen, die Ihr Gedächtnis beeinflussen.

Damit Sie die Tips und Techniken der folgenden Kapitel optimal einsetzen können, beschäftigen wir uns zunächst mit den Gründen, warum unser Gedächtnis nicht immer hundertprozentig funktioniert.

2.1 Wieso funktioniert es nicht immer so, wie wir wollen?

Wenn Sie sich zum Beispiel an den Namen einer Person nicht mehr erinnern können, so kann das daran liegen, daß Sie sich den Namen nicht richtig eingeprägt haben. Es kann auch daran liegen, daß Sie den Namen nicht rechtzeitig wiederholt haben oder daß Sie sich den Namen eigentlich gar nicht merken wollten. Vielleicht haben Sie auch einen Glaubenssatz mit dem Inhalt: »Ich kann mir Namen nicht merken!« An diesem Beispiel wird deutlich, daß das Gedächtnis selbst nicht die Ursache ist, sondern viele Faktoren zusammenspielen. Das Gedächtnis an sich ist wesentlich leistungsfähiger, als die meisten Menschen vermuten.

Um die für Sie zutreffenden Ursachen bestimmen zu können, wurde der nachfolgende Test entwickelt. Anhand der Fragen und der detaillierten Auswertung können Sie die Ursachen schneller herausfinden.

2.2 Der Ursachen-Test

Nachdem Sie auf die Vielfältigkeit der Ursachen hingewiesen wurden, stellt sich wahrscheinlich für Sie die Frage, wie Sie denn besser werden können. Bevor wir Übungen zum Thema Gedächtnis durchführen, biete ich Ihnen einen Test mit einigen Fragen an, der Ihnen die Gründe für den jetzigen Zustand Ihres Gedächtnisses verdeutlichen soll. Nach den Fragen kommt eine intensive

Auswertung, die Ihnen aufzeigt, woran Sie am besten zuerst arbeiten sollten. Sie können somit das Training gezielter angehen.

Der Ursachen-Test ist als Wegweiser gedacht. Lassen Sie sich nicht durch die Menge der Fragen abschrecken. Es geht schneller, als es auf den ersten Blick aussieht. Beantworten Sie die Fragen überlegt, aber spontan. Grübeln Sie nicht lange an einer Frage herum, sondern kreuzen Sie den Wert an, der Ihnen zuerst als passend erscheint. Und noch ein Tip: Seien Sie ehrlich zu sich selbst, dann bringt der Test am meisten.

Bewerten Sie die nachstehenden Aussagen nach folgendem System:

1=trifft voll zu	2=zum großen Teil	3=teilweise	4=wenig	5 = fast gar nicht	6=nein, trifft gar nicht zu

	1	2	3	4	5	6	
Ich habe einen unruhigen Schlaf.	❍	❍	❍	❍	❍	❍	A
Mir passieren öfter Flüchtigkeitsfehler.	❍	❍	❍	❍	❍	❍	B
Ich fühle mich beruflich ausreichend gefordert.	❍	❍	❍	❍	❍	❍	C
Ich schlage unbekannte Wörter, die wichtig sind, im Wörterbuch nach.	❍	❍	❍	❍	❍	❍	D
Ich kann mir Witze leicht merken.	❍	❍	❍	❍	❍	❍	E
Ich kann mich an die Inhalte von gelesenen Texten gut erinnern.	❍	❍	❍	❍	❍	❍	F
Ich halte meine Termine und Verabredungen stets ein.	❍	❍	❍	❍	❍	❍	G
Ich weiß nach einer Besprechung noch die Inhalte.	❍	❍	❍	❍	❍	❍	H
Ich rechne einfache mathematische Aufgaben gerne im Kopf.	❍	❍	❍	❍	❍	❍	I
Ich bin mit meinen Gedächtnisleistungen zufrieden.	❍	❍	❍	❍	❍	❍	J

Ich esse täglich süße Speisen oder Süßigkeiten.	❍	❍	❍	❍	❍	❍	A
Meine Konzentration läßt schnell nach.	❍	❍	❍	❍	❍	❍	B
Ich fühle mich beruflich ausreichend unterstützt und gefördert.	❍	❍	❍	❍	❍	❍	C
Ich merke sofort, wenn ich die Bedeutung eines Wortes nicht kenne.	❍	❍	❍	❍	❍	❍	D
Ich kann mir Zahlen (Telefonnummern etc.) leicht merken.	❍	❍	❍	❍	❍	❍	E
Ich wiederhole wichtige Informationen rechtzeitig.	❍	❍	❍	❍	❍	❍	F
Ich fühle mich mit meiner Arbeitsmethode wohl.	❍	❍	❍	❍	❍	❍	G

1 = trifft voll zu	2 = zum großen Teil	3 = teilweise	4 = wenig	5 = fast gar nicht	6 = nein, trifft gar nicht zu

	1	2	3	4	5	6	
Ich kann mich an erhaltene Anweisungen/Aufgaben gut erinnern.	❍	❍	❍	❍	❍	❍	H
Ich habe die wichtigsten Telefonnummern im Kopf.	❍	❍	❍	❍	❍	❍	I
Ich halte mich allgemein für fähig.	❍	❍	❍	❍	❍	❍	J
Ich schlafe oft zu wenig.	❍	❍	❍	❍	❍	❍	A
Ich lasse mich schnell ablenken.	❍	❍	❍	❍	❍	❍	B
Ich habe mir meine heutige Tätigkeit gewünscht.	❍	❍	❍	❍	❍	❍	C
Ich visualisiere komplexe Lerninhalte (zeichne Skizzen, Bilder etc.).	❍	❍	❍	❍	❍	❍	D
Ich verknüpfe neue Informationen bewußt mit bekanntem Wissen.	❍	❍	❍	❍	❍	❍	E
Ich kann mich an Namen meist leicht erinnern.	❍	❍	❍	❍	❍	❍	F
Ich versehe meine Arbeiten mit unterschiedlichen Prioritäten.	❍	❍	❍	❍	❍	❍	G
Ich kann mich an Vereinbarungen aus Gesprächen gut erinnern.	❍	❍	❍	❍	❍	❍	H
Ich tue regelmäßig etwas für meine geistige Fitneß.	❍	❍	❍	❍	❍	❍	I
Ich glaube an die Macht des positiven Denkens.	❍	❍	❍	❍	❍	❍	J
Ich leide unter energiezehrendem Streß.	❍	❍	❍	❍	❍	❍	A
Ich vergesse manchmal, was ich gerade eben tun wollte.	❍	❍	❍	❍	❍	❍	B
Ich habe meine beruflichen Ziele selbst festgelegt.	❍	❍	❍	❍	❍	❍	C
Ich gliedere komplexe Informationen zum besseren Verstehen.	❍	❍	❍	❍	❍	❍	D
Ich kann mir Wegbeschreibungen gut merken.	❍	❍	❍	❍	❍	❍	E
Ich bleibe in Prüfungssituationen meistens ruhig und gelassen.	❍	❍	❍	❍	❍	❍	F
Ich habe meine unerledigten Arbeiten auf einer Liste notiert.	❍	❍	❍	❍	❍	❍	G
Ich weiß nach einem Telefongespräch noch den Inhalt des Gesprächs.	❍	❍	❍	❍	❍	❍	H
Ich kenne die Geburtsdaten der nahen Verwandten auswendig.	❍	❍	❍	❍	❍	❍	I
Ich denke mehr an meine Erfolge als an meine Mißerfolge.	❍	❍	❍	❍	❍	❍	J

1=trifft voll zu	2=zum großen Teil	3=teilweise	4=wenig	5 = fast gar nicht	6=nein, trifft gar nicht zu

	1	2	3	4	5	6	
Ich bin unsportlich.	❍	❍	❍	❍	❍	❍	A
Ich habe oft störende Gedanken, die mich von der Arbeit ablenken.	❍	❍	❍	❍	❍	❍	B
Ich arbeite gerne in meinem heutigen Beruf.	❍	❍	❍	❍	❍	❍	C
Ich verwende meist eine bildhafte Sprache.	❍	❍	❍	❍	❍	❍	D
Ich kann mir die Inhalte von Vorträgen gut einprägen.	❍	❍	❍	❍	❍	❍	E
Ich kann mich an Buch- oder Filmtitel leicht erinnern.	❍	❍	❍	❍	❍	❍	F
Ich trage meine Termine immer in einen Terminkalender ein.	❍	❍	❍	❍	❍	❍	G
Ich unterbreche Vielredner, wenn es mich nervt und keine Infos kommen.	❍	❍	❍	❍	❍	❍	H
Ich bin abends mehr aktiv, statt daß ich passiv vor dem Fernseher sitze.	❍	❍	❍	❍	❍	❍	I
Ich bin der Meinung, daß Lernen Spaß macht und leicht geht.	❍	❍	❍	❍	❍	❍	J
Mich erschlägt öfter die Menge an unerledigter Arbeit.	❍	❍	❍	❍	❍	❍	A
Ich bin ab und zu zerstreut.	❍	❍	❍	❍	❍	❍	B
Ich habe meine Ziele schriftlich formuliert.	❍	❍	❍	❍	❍	❍	C
Ich bereite mich auf Vorträge, Besprechungen etc. meistens vor.	❍	❍	❍	❍	❍	❍	D
Ich nehme mir genügend Zeit zum Einprägen neuer Informationen.	❍	❍	❍	❍	❍	❍	E
Ich schaue ab und zu in Fotoalben von früher.	❍	❍	❍	❍	❍	❍	F
Ich schließe meinen Tag meistens mit einem kurzen Resümee ab.	❍	❍	❍	❍	❍	❍	G
Ich versetze mich bei Gesprächen in die Situation der anderen Person.	❍	❍	❍	❍	❍	❍	H
Ich löse gelegentlich Denksportaufgaben oder Rätsel.	❍	❍	❍	❍	❍	❍	I
Ich glaube, daß man durch Übung viel verbessern kann.	❍	❍	❍	❍	❍	❍	J
Ich trinke mehrmals die Woche mehr als ein Glas Alkohol.	❍	❍	❍	❍	❍	❍	A
Ich will öfter alles auf einmal machen statt hintereinander.	❍	❍	❍	❍	❍	❍	B
Ich kenne den Nutzen meiner Arbeit.	❍	❍	❍	❍	❍	❍	C
Ich erkenne schnell, wenn ich nicht genügend Vorwissen mitbringe.	❍	❍	❍	❍	❍	❍	D

1 = trifft voll zu	2 = zum großen Teil	3 = teilweise	4 = wenig	5 = fast gar nicht	6 = nein, trifft gar nicht zu

	1	2	3	4	5	6	
Ich kann mir Namen schnell einprägen.	○	○	○	○	○	○	E
Wenn mir etwas nicht gleich einfällt, bleibe ich trotzdem ruhig.	○	○	○	○	○	○	F
Ich hake die Arbeiten bewußt geistig ab, wenn diese erledigt sind.	○	○	○	○	○	○	G
Andere sagen, ich sei ein guter Zuhörer.	○	○	○	○	○	○	H
Ich lerne ab und zu Gedichte, Reden oder ähnliches.	○	○	○	○	○	○	I
Ich glaube, daß ich mit Übung auch noch im Alter geistig fit sein kann.	○	○	○	○	○	○	J

Ich war die letzten Jahre durchschnittlich mehr als fünf Tage im Jahr krank.	○	○	○	○	○	○	A
Ich lasse öfter etwas aus Versehen liegen.	○	○	○	○	○	○	B
Ich habe ausreichend Abwechslung bei meiner Arbeit.	○	○	○	○	○	○	C
Wenn ich unverständliche Informationen erhalte, frage ich sofort nach.	○	○	○	○	○	○	D
Ich verbildere neue Informationen zum Einprägen.	○	○	○	○	○	○	E
Ich kann Informationen meistens auf Kommando abrufen.	○	○	○	○	○	○	F
Ich habe feste Plätze für Schlüssel, Geldbeutel, Terminkalender etc.	○	○	○	○	○	○	G
Ich frage bei Gesprächen auch viel.	○	○	○	○	○	○	H
Ich spiele gerne strategische Spiele wie z. B. Schach, Doppelkopf, Skat.	○	○	○	○	○	○	I
Ich glaube, daß ich noch besser werden kann.	○	○	○	○	○	○	J

2.3 Auswertung und Analyse

Die angekreuzten Zahlen entsprechen Punktzahlen. Rechts neben den Zahlen befindet sich jeweils ein Buchstabe. Alle Fragen mit dem gleichen Buchstaben gehören zu einem Themenbereich (siehe Auflistung). Jeder Themenbereich ist insgesamt mit je acht Fragen vertreten.

Zählen Sie nun jeweils die Punkte eines Buchstabens zusammen. Rechnen Sie also alle angekreuzten Punkte vor dem Buchstaben A zusammen, dann alle angekreuzten Punkte vor dem Buchstaben B und dann alle Punkte vor dem Buchstaben C usw. Tragen Sie die Ergebnisse in die dafür vorgesehenen Felder ein.

	Summe	Themenbereich
A:	______	Energie
B:	______	Konzentration
C:	______	Motivation/Interesse
D:	______	Begreifen/Verstehen
E:	______	Speichern/Einprägen/Merken
F:	______	Abrufen/Erinnern
G:	______	Arbeitsmethodik
H:	______	Kommunikation
I:	______	Training
J:	______	Glaubenssätze/Einstellung

Im folgenden finden Sie die jeweiligen Themenbereiche beschrieben. Ordnen Sie Ihre Ergebnisse den entsprechenden Punkten der einzelnen Themenbereiche zu.

A: Energie
Ihre Punktzahl: __________

Wenn Sie genügend geistige Kraft zur Verfügung haben, können Sie Ihr geistiges Potential auch richtig nutzen. Diese geistige Kraft wird wiederum beeinflußt durch gesunde Ernährung, Bewegung, ausreichenden Schlaf, eine systematische Arbeitsmethode, Ordnung und vor allem eine positive Einstellung zum Leben.

Bei der Ernährung spielen die Häufigkeit, die Schwere und die Art der Mahlzeiten eine Rolle für die Leistungsfähigkeit des Körpers und damit auch des Geistes. Auf jeden Fall sollten Sie darauf achten, daß Ihre Ernährung ausreichend frische Lebensmittel enthält, die Ihnen die Energie liefern.

38–48 Punkte: Sie sind zu beglückwünschen. Anscheinend haben Sie mit Ihrer Energie nur selten Probleme. Vielleicht achten Sie bereits auf eine gesunde Ernährung und treiben auch regelmäßig Sport. Machen Sie auf jeden Fall weiter so.

28–37 Punkte: Mit Ihrer Energie sind Sie im oberen Bereich. Das haben Sie gut gemacht. Ihr energetischer Zustand ist gut, aber noch verbesserungsfähig.
Auf jeden Fall sollten Sie darauf achten, daß Sie sich entweder noch mehr Energie zuführen oder sich weniger Energie stehlen lassen. Schauen Sie nach, welche der Fragen dazu geführt haben, daß Sie nicht im oberen Bereich gelandet sind.

18–27 Punkte: Ihr Energiehaushalt ist nicht mehr voll in Schuß. Entweder achten Sie nicht ausreichend auf den Nachschub (richtige Einstellung, Motivation, Ernährung), oder Sie verschwenden Ihre Energie. Achten Sie mehr auf Ihre Gesundheit, mehr auf eine gesündere Ernährung. Außerdem ist es ratsam, mehr Sport zu treiben. Vielleicht sollten Sie sich diesbezüglich auch konkretere Ziele setzen. Achten Sie darauf, daß Sie nicht in den unteren Bereich (8 bis 17 Punkte) abrutschen.

8–17 Punkte: Sie leiden unter Energiemangel. Wenn Sie diesen Zustand noch mehrere Jahre aufrecht halten, wird es Ihnen immer schwerer fallen, etwas daran zu ändern. Sie sollten mehr Sport treiben und auch mal über Ihre Ernährung nachdenken. Hier liegt eine der Hauptursachen, warum Sie nicht besser sind. Achten Sie auf die Zeichen Ihres Körpers. Sie selbst sind dafür verantwortlich.
Wenn Sie etwas verändern möchten, fangen Sie mit kleinen Schritten an. Man kann auch nicht innerhalb von zwei Wochen Tennisprofi werden. Ich wünsche Ihnen viel Erfolg – und viel Energie!

B: Konzentration
Ihre Punktzahl: __________

Mangelnde Konzentration führt meist dazu, daß Sie sich etwas nicht merken können. Konzentrationsfähigkeit ist die Fähigkeit, unter Ausschluß innerer und äußerer Störungen bei einer Sache bleiben zu können.

Äußere Störungen unterteilen sich hauptsächlich in optische und akustische Reize. Innere Störungen sind zum Beispiel Probleme, die die Konzentration negativ beeinflussen.

38–48 Punkte: Bravo, Ihre Konzentrationsfähigkeit ist sehr gut. Anscheinend lassen Sie sich nicht so schnell aus der Ruhe bringen und leiden nicht unter zuviel Streß. Achten Sie weiter darauf, einen klaren Kopf zu bewahren. Auch wenn es Ihnen nicht immer so erscheint, Sie liegen mit diesem Ergebnis im oberen Bereich. Ein paar Übungen zur weiteren Steigerung der Konzentration schaden natürlich nicht. Achten Sie darauf, daß Sie im oberen Bereich bleiben. Weiter so!

28–37 Punkte: Gut. Meistens bewahren Sie einen kühlen Kopf. Ab und zu lassen Sie sich in Streß verwickeln. Achten Sie darauf, daß diese Momente nicht häufiger werden. Sie sollten diese im Keim ersticken und sich Ihrer guten Konzentrationsfähigkeit besinnen. Gehen Sie den Ursachen für Konzentrationsstörungen auf den Grund. Ein Konzentrationsmangel selbst ist nicht das ursächliche Problem, sondern nur eine Folge anderer Begleitumstände.
Vermeiden Sie energiezehrenden Streß durch eine gute Arbeitsmethode und rechtzeitige klare Kommunikation. Freuen Sie sich, daß Sie in der oberen Hälfte liegen. Weiter so!

18–27 Punkte: Vorsicht ist geboten. Ihre Konzentrationsfähigkeit ist nicht optimal. Mangelnde Konzentration ist oft ein Zeichen dafür, daß andere Ursachen nicht behoben wurden. Leiden Sie unter energiezehrendem Streß? Können Sie es Ihrem Chef/Ihren Kollegen mitteilen, wenn Sie keine Arbeiten mehr annehmen möchten? Können Sie auch mal »nein« sagen? Planen Sie Ihre Arbeiten ausreichend? Setzen Sie Ihre Prioritäten richtig?

Sie können Ihre Konzentrationsfähigkeit steigern. Gehen Sie an die Ursachen, je schneller, desto besser für Sie und Ihre Umwelt. Machen Sie Konzentrationsübungen, und beseitigen Sie die Ursachen für die Störungen, gehen Sie diesen aus dem Weg, oder ändern Sie Ihre Einstellung. Viel Erfolg!

8–17 Punkte: Sie wissen wahrscheinlich, daß Ihre Konzentration nicht optimal ist. Dies ist ein Zeichen dafür, daß irgend etwas nicht in Ordnung ist. Sind Sie überfordert? Muten Sie sich zuviel zu? Gönnen Sie sich ausreichend Ruhe? Können Sie auch mal »nein« sagen, wenn man Sie um etwas bittet? Planen Sie Ihre Arbeiten ausreichend, oder wollen Sie auf drei Hochzeiten gleichzeitig tanzen?
Sie sind nicht auf dieser Welt, um es jedem und allen immer recht zu machen. Sie bringen sich und anderen größeren Nutzen, wenn Sie Ihre Grenzen freundlich abstecken. Versuchen Sie so schnell wie möglich, an die Ursachen heranzugehen. Die Umstände lassen sich allerdings nur ändern, wenn Sie sich ändern. Sie sind für sich verantwortlich.
Achten Sie auf mehr Ruhe und Entspannung. Vielleicht wäre ein Entspannungstraining mal einen Versuch wert. Ändern Sie etwas, je früher, desto besser. Diese Veränderungen sollten Sie in kleinen Schritten planen und sich auch über kleine Erfolge freuen.

C: Motivation/Interesse
Ihre Punktzahl: __________

Einen großen Einfluß auf die Merkfähigkeit liefern Ihre Motivation und Ihr Interesse an der jeweiligen Information selbst. Bringt die Information Ihnen wenig Nutzen, so ist der Mißerfolg meist vorprogrammiert. Wichtig ist auch, daß Ihre tägliche Arbeit und Ihr tägliches Leben genügend Herausforderung und Abwechslung liefern. Selbstgewählte realistische Ziele sind die besten Motivatoren.

8–18 Punkte: Gratulation. Solche Mitarbeiter wie Sie wünscht sich jeder Firmenchef. Sie sind motiviert und interessiert. Toll, daß Sie sich über Ihre Motive und Ziele entweder bereits Gedanken gemacht haben oder diese Ihnen sowieso immer klar waren. Weiter so!

19–28 Punkte: Sie sind auf dem richtigen Weg. Ihre Motive und Ziele sind Ihnen relativ klar. Sie haben aber noch brachliegendes Potential. Überlegen Sie sich, wer oder was Sie stoppt, und versuchen Sie, Ihre Möglichkeiten langfristig zu verbessern. Vielleicht sollten Sie Ihre Ziele noch klarer fixieren.

29–38 Punkte: Entweder werden Sie gestoppt, oder Sie behindern sich selbst. Sind Ihnen Ihre Ziele klar? Haben Sie wirklich Lust auf diese Arbeit? Wenn nicht, dann überlegen Sie sich, ob Sie Ihre Einstellung oder die Situation verändern können. Andernfalls dürfte es Sie nicht befriedigen. Sie können die Umstände nur ändern, wenn Sie sich selbst ändern.
Sie liegen nicht im untersten Bereich. Achten Sie darauf, daß Sie in die oberen Bereiche klettern. Werden Sie sich über Ihre Ziele klarer, und planen Sie diese langfristig. Nichts übers Knie brechen, aber langfristig die eigenen Visionen verfolgen.

39–48 Punkte: Sie sollten schnellstens über den Sinn Ihres Lebens und auch über den Sinn Ihrer Arbeit nachdenken. Sie sind nicht auf dieser Welt, um Ihre Zeit totzuschlagen. Zeit ist Ihr wertvollstes Gut. Warum nutzen Sie dieses Gut nicht besser? Überlegen Sie sich, wo sie in 5, 10, 15 oder auch in 20 Jahren stehen wollen. Was wollen Sie bis dahin erreicht haben? Sie sollten wirklich nicht nur arbeiten gehen, um Geld zu verdienen, sondern auch, um sich selbst zu verwirklichen. Bitte planen Sie mögliche Veränderungen langfristig. Handeln Sie nicht überstürzt, und verlieren Sie trotzdem nicht Ihre Vision aus den Augen. Dies kann viel Veränderung bedeuten, aber hier liegt die Wurzel für alles. Motivation heißt *Motiv zur Aktion*.

D: Verstehen
Ihre Punktzahl: __________

Fehlende Vorinformationen oder Vorerfahrungen können auch dazu führen, daß Sie neue Informationen nicht verstehen und sich diese dann auch schlechter merken können. Nicht nur akustische Schwierigkeiten, sondern auch eine fehlende Gliederung oder fehlende Kenntnis von Wortbedeutungen können dazu führen, daß Sie die Informationen nicht verstehen und sich auch nicht einprägen können.

8–18 Punkte: Super. Sie verwenden anscheinend bereits die wichtigsten Methoden, um die Informationen auch zu verstehen, die Sie sich merken möchten. Lassen Sie Ihre Mitmenschen daran teilhaben. Weiter so!

19–28 Punkte: Gut. Sie haben erkannt, daß Sie die Informationen auch wirklich verstehen sollten, die Sie sich einprägen möchten. Sie können dies noch ausbauen, indem Sie z. B. neue Wörter im Wörterbuch nachschlagen. Vor allem, wenn es Schlüsselbegriffe sind. Nach Ihrem Ergebnis merken Sie aber meist recht schnell, wenn Sie etwas nicht verstehen. Dies ist gut so. Weiter so!

29–38 Punkte: Kann es sein, daß Ihre Gedächtnislücken daher kommen, daß Sie manche Informationen, die Sie sich merken wollen, nicht wirklich genau verstehen? Dies kann zum Beispiel in einem Vortrag sehr leicht passieren. Gerade dann, wenn der Vortragende seinen Stoff sehr ungegliedert von sich gibt. Sie sollten verstärkt darauf achten, neue Informationen mehr zu hinterfragen. Das Gute an diesem schlechteren Ergebnis ist, daß Sie dies schnell ändern können. Es sind nur methodische Veränderungen notwendig. Viel Erfolg!

39–48 Punkte: Hier liegt der Hase im Pfeffer. Ihr Gedächtnis ist überfordert, weil Sie neue Informationen nicht ausreichend hinterfragen und gedächtnisgerecht aufbereiten. Mit neuen Informationen, die Sie nicht richtig verstehen, überfordern Sie sich und Ihr Gedächtnis. Wenn Sie dies ändern und Verstehenstechniken einsetzen, werden Sie Ihre Gedächtnisleistung schnell verbessern. Viel Erfolg!

E: Speichern/Einprägen/Merken
Ihre Punktzahl: __________

Wichtig ist, daß Sie etwas dafür tun, wenn Sie sich nachher noch an etwas erinnern möchten. Wenn Sie jemanden vorgestellt bekommen und den Namen hören, sollten Sie etwas unternehmen, um sich den Namen auch wirklich einzuprägen. Sie könnten den Namen etwa einmal selbst wiederholen, was bereits eine kleine Hilfe für das Gedächtnis darstellt. Ohne Einprägen wird das Erinnern meist unmöglich. Genauso können Sie beim Computer auch nur die Informationen abrufen, die Sie vorher einmal abgespeichert haben.

8–18 Punkte: Super. Sie verwenden die richtigen Merktechniken und geben somit Ihrem Gedächtnis auch eine Chance. Klasse, weiter so, und loben Sie sich auch mal selbst dafür. Wollen Sie so gut bleiben oder sogar noch besser werden? Weiter so!

19–28 Punkte: Gut. Sie verwenden größtenteils die richtigen Methoden zum Einprägen neuer Informationen. Bauen Sie dies noch weiter aus. Achten Sie auf die Verarbeitungszeit, auf die Menge der Informationen pro Zeiteinheit und vor allem auf die Bildhaftigkeit der Informationen, die Sie sich einprägen möchten. Wenn Sie dies noch weiter ausbauen, werden Sie noch besser. Viel Erfolg und weiter so!

29–38 Punkte: Geben Sie sich und Ihrem Gedächtnis öfter mal eine Chance, sich etwas einzuprägen. Was tun Sie zum Beispiel, wenn Sie sich einen neuen Namen merken wollen? Verknüpfen Sie diesen mit bekannten Informationen?
Trainieren Sie mit den kommenden Übungen, um besser zu werden. Nehmen Sie sich ausreichend Zeit, um sich neue Informationen einzuprägen. Außerdem sollten Sie die neuen Informationen bildhaft aufbereiten. Übung macht den Meister. Es geht hier »nur« um die Techniken. Viel Erfolg!

39–48 Punkte: Wenn Sie sich etwas merken möchten, sollten Sie auch etwas dafür tun. Wenn Sie neue Informationen erhalten und nichts dafür tun, um diese im Gedächtnis zu verankern, drehen diese neuen Informationen eine Ehrenrunde im Kurzzeitgedächtnis und verabschieden sich dann.
Hier sind die mnemotechnischen Übungen sinnvoll. Verknüpfen Sie neue Informationen bewußt bildhaft mit bekannten Informationen, und verwenden Sie Auslöser, um sich die neuen Informationen einzuprägen. Achten Sie auch darauf, daß Sie sich ausreichend Zeit nehmen, um die neuen Informationen zu speichern.
Wenn Sie dies wirklich wollen, sind diese Techniken relativ leicht erlernbar. Achten Sie aber darauf, ob es nicht an den Punkten Energie und Motivation liegt, daß das Ergebnis hier nicht optimal ist. Gehen Sie in kleinen Schritten vor. Viel Erfolg!

F: Abrufen/Erinnern
Ihre Punktzahl: __________

Auch bei diesem Vorgang kann es Schwierigkeiten geben. Ist eine Information auch richtig eingeprägt, kann es trotzdem passieren, daß Sie diese nicht auf Anhieb abrufen können. Können Sie auf Kommando fünf Witze erzählen? Die meisten Menschen haben dabei Probleme. Wenn Sie jedoch in einer lustigen Runde sitzen, und es erzählt jeder mal einen Witz, so wird es Ihnen wahrscheinlich leichter fallen, nach und nach bei den richtigen Stichwörtern aus anderen Witzen auch einige zu erzählen. Zum Erinnern benötigen wir immer Auslöser (wie die Stichwörter in den Witzen).

8–18 Punkte: Sehr gut. Sie sollten Ihre Leistungen schätzen und Ihre Methoden ruhig anderen beibringen. Und loben Sie sich auch ab und zu für Ihre guten Leistungen selbst. Sie können wirklich zufrieden sein, andere wären begeistert, wenn sie ein solches Ergebnis hätten. Weiter so!

19–28 Punkte: Gut. Sie kennen Techniken zum Erinnern und wenden einige davon bewußt oder auch unbewußt schon erfolgreich an.

Weiter so. Verbessern Sie Ihre Erinnerungstechniken, und Sie werden noch mehr Freude haben. Achten Sie auf Gelegenheiten, bei denen Sie Ihr Gedächtnis trainieren können, falls Sie Lust haben, Ihre Leistungen noch zu steigern.
Ruhen Sie sich nicht zu lange auf Ihren guten Leistungen aus, sondern achten Sie auf Ihre Erfolge und verstärken Sie sie.
Viel Erfolg!

29–38 Punkte: Es sind die Techniken, die Ihnen fehlen. Entweder kennen Sie diese nicht, oder Sie wenden diese nicht so oft an. Keine schlimme Sache. Sie können Techniken erlernen, die Sie dazu bringen werden, daß Sie sich an vieles leichter erinnern. Natürlich geht dies nicht von heute auf morgen, aber nichts ist unmöglich.
Die Gedächtniskünstler verwenden besondere Erinnerungstechniken (Mnemotechnik), um so herausragende Leistungen zu vollbringen. Sie können dies auch. Achten Sie darauf, daß Sie alles Mögliche tun, um sich neue Informationen richtig einzuprägen. Oft kann man sich an Sachen nicht erinnern, weil man sich diese zu flüchtig eingeprägt hat. Viel Erfolg!

39–48 Punkte: Wahrscheinlich sind Sie der Meinung, daß Sie ein schlechtes Gedächtnis haben, und vielleicht auch noch, daß daran nichts zu ändern sei. Stopp! Ihnen fehlen nur die richtigen Techniken (Mnemotechnik etc.) zur Steigerung der Gedächtnisleistung, oder Sie wenden diese Techniken noch nicht an. Diese Methoden sind lernbar und trainierbar und können kleine Wunder bewirken.
Tun Sie täglich etwa 10 Minuten etwas für Ihre geistige Fitneß, und Sie werden nach einigen Wochen begeistert sein. Suchen Sie sich einen Trainingspartner, damit das Üben noch mehr Spaß macht. Besonders empfehlenswert sind die Kettenmethode und die Schubladenmethode (siehe Kapitel 4).
Wie ist Ihr Ergebnis im Bereich Motivation? Falls es gut ist, so sollten Sie mit dem Gedächtnistraining beginnen, falls das Ergebnis auch schlecht ist, beginnen Sie am Punkt Motivation, denn da liegt die Hauptursache.

G: Arbeitsmethodik
Ihre Punktzahl: ________

Eine gute Arbeitsmethode entlastet uns und unterstützt unser Gedächtnis. Wer zum Beispiel Termine oder Geburtstage vergißt, hat meistens nicht ein schlechtes Gedächtnis, sondern eine schlechte Arbeitsmethode.
Zu einer guten Arbeitsmethode gehört nicht eine chaotische Zettelwirtschaft, sondern der tägliche Tagesplan, ein Terminkalender und eine Aktivitätenliste für unerledigte Arbeiten. Die Fähigkeit, Prioritäten zu setzen und seine Ziele im Blick zu behalten, ist ebenfalls von maßgeblicher Bedeutung.

8–18 Punkte: Gratulation. Ordnung ist das halbe Leben. Wahrscheinlich haben Sie festgestellt, daß es einfach leichter und schneller geht, wenn Sie sich eine gute Arbeitsmethode bewahren. So wie es aussieht, ist an Ihrer Arbeitsmethode nicht viel zu verbessern. Kleinigkeiten gibt es immer. Weiter so!

19–28 Punkte: Gut. Sie wissen, daß eine gute Arbeitsmethode vieles erleichtert. Bauen Sie diese weiter aus, und lassen Sie sich nicht durch andere mit Arbeit zuschütten. Verzetteln Sie sich nicht, sondern achten Sie in regelmäßigen Abständen darauf, ob Sie Ihren Zielen näher kommen. Bewahren Sie sich Ihr System, und verbessern Sie es weiter.

29–38 Punkte: Sie sollten über Ihre Arbeitsmethode einmal nachdenken. Wäre es nicht sinnvoll, ein Seminar über Zeitmanagement oder Arbeitsmethode zu besuchen und die Tips auch mal auszuprobieren? Sicherlich hat jeder sein eigenes System, aber wenn Sie Ihr System nicht in Frage stellen, werden Sie nicht in den Genuß kommen, daß es eventuell noch rationeller geht.
Es kann einige Zeit dauern, bis sich die neuen Pfade eingeschliffen haben, aber manche Veränderung ist langfristig gesehen eine große Erleichterung. Probieren Sie neue Wege aus. Freuen Sie sich über sinnvolle Veränderungen, auch wenn es kurzfristig mehr Aufwand bedeutet.

39–48 Punkte: Stimmt es, daß Sie häufig Energie beim Suchen verschwenden? Ist Ihr Schreibtisch voller kleiner Zettel? Bei Ihrer Arbeitsmethode würde es jedem schwerfallen, schnell und zuverlässig zu arbeiten. Wenn Sie dies verändern wollen, haben Sie zwar kurzfristig eine zähe und schwierige Umgewöhnungszeit, aber danach wird wahrscheinlich alles viel leichter, schneller und zielgerichteter vonstatten gehen. Besuchen Sie doch mal ein Seminar über Zeitmanagement oder Arbeitsmethodik. Vor allem sollten Sie die Bereitschaft für Veränderungen mitbringen. Nicht jeder eingefahrene Weg ist der beste. Ich wünsche Ihnen eine ruhige und entspannte Phase nach der Veränderung. Viel Erfolg!

H: Kommunikation
Ihre Punktzahl: __________

Eine gute Kommunikation kann uns vor vielen Problemen des Gedächtnisses bewahren. Vor allem in Vorträgen oder im Dialog mit Menschen, die sich gerne reden hören, fällt es den meisten schwer, sich Inhalte zu merken.

8–18 Punkte: Sehr gut. Sie haben verstanden, daß Kommunikation ein Austausch von Informationen ist und nicht ein Abladen von verbalem Müll beim Gesprächspartner. Weiter so. Gute Kommunikation tut jedem gut. Wenn Sie Ihr Potential noch weiter ausbauen wollen, finden Sie in der Literaturliste Buchtips zum Thema Kommunikation.

19–28 Punkte: Gut! Sie wissen, wie man richtig kommuniziert, und wenden dies auch meistens an. Sie wissen auch, daß man durch eine gute Kommunikation die Informationen besser behalten kann. Nur gelegentlich lassen Sie sich von Vielrednern vollreden, oder Sie achten vielleicht auch manchmal selbst nicht darauf, was Sie wem, warum und wie sagen. Aber auch Informationen, die Sie erhalten, sollten Sie auf ihren Nutzen überprüfen.

29–38 Punkte: Sie können Ihre Leistungen noch weiter verbessern, indem Sie kommunikative Trainings besuchen: Kommunikationstraining, Besprechungstraining, Verhandlungstraining, Konfliktmanagement etc. Wenn Sie Ihre Kommunikation mit anderen noch weiter verbessern, werden Sie auch weniger Informationen vergessen. Ihr Gedächtnis wird automatisch besser. Außerdem haben Sie durch eine bessere Kommunikation auch mehr Spaß und Freude am Leben.
Sie können beim Kommunizieren z. B. noch mehr darauf achten, daß Sie jedem nur das mitteilen, was für ihn auch einen Nutzen hat. Das gleiche gilt für Informationen, die Sie selbst erhalten. Nutzen Sie Ihr brachliegendes Potential zum besseren Kommunizieren. In der Literaturliste finden Sie Bücher, mit denen Sie beginnen können. Viel Spaß beim Lesen!

39–48 Punkte: Es kann auch an der Kommunikation liegen, daß Sie nicht besser sind. Sagen Sie ruhig, daß Sie eine Anweisung oder eine Information nicht verstanden haben. Besuchen Sie doch mal ein Seminar über Kommunikation (Besprechungstraining, Verhandlungstraining, Konfliktmanagement etc.). Trauen Sie sich auch mal »nein« zu sagen. Lernen Sie, aktiver nachzufragen und besser zuzuhören. Das ist alles kein Problem. Sie können dies trainieren. Die Bücher in der Literaturliste bieten wertvolle Informationen zum Thema Kommunikation. Viel Erfolg!

I: Training
Ihre Punktzahl: ________

»Übung macht den Meister« heißt das Sprichwort, das Sie sicherlich kennen. In körperlichen Bereichen wie z. B. beim Tennisspielen ist uns das auch total klar, aber bei den geistigen Fähigkeiten sind die meisten wesentlich ungeduldiger. Wer sich ständig trainiert, wird auch im Alter noch ein gutes Gedächtnis haben. Nutzen Sie so viele Gelegenheiten wie nur möglich. Ihr Gedächtnis arbeitet ähnlich wie ein Muskel. Wird es wenig trainiert, erschlafft es, trainieren Sie es, wird es leistungsfähiger.

8–18 Punkte: Super. Sie tun was dafür, daß Sie im Alter noch fit sind. Weiter so. Andere können sich ein Beispiel an Ihnen nehmen. Falls Sie noch fitter werden oder so fit bleiben wollen, nutzen Sie die nachfolgenden Übungen.

19–28 Punkte: Gut! Sie tun etwas dafür, daß Sie im Alter noch geistig fit sind. Sie könnten aber etwas mehr tun und wären dann noch fitter. Sie wissen dies wahrscheinlich. Ab und zu etwas Gehirnjogging, und man bleibt geistig fit. Weiter so. Und nicht faul werden. Achten Sie darauf, daß Sie nicht in die unteren Bereiche abrutschen.

29–38 Punkte: Okay! Sie wissen wahrscheinlich, daß Sie nicht die aktivste Person sind. Mal schnell den Taschenrechner auch für einfache Rechnungen genommen. Oder lieber fünfmal auf die Bordkarte geschaut, als sich einmal den Sitz richtig einzuprägen. Sie können dies beeinflussen. Ein bißchen Training pro Tag, und Sie werden im Alter noch fit sein.
Übung macht den Meister. Fangen Sie am besten gleich mit den nachfolgenden Übungen an.

39–48 Punkte: He, aufwachen! Sie brauchen sich nicht zu wundern, wenn Sie im Alter nicht mehr so fit sind wie andere. Warum tun Sie so wenig für Ihre geistige Fitneß? Das ist nicht viel Aufwand. Jeden Tag nur 10 Minuten, und Sie werden nach kurzer Zeit bereits merkliche Verbesserungen feststellen. Am besten denken Sie auch über Ihre Ziele nach.
Nehmen Sie sich ein Beispiel an Johannes Heesters. Er hat 1996 im Alter von 92 Jahren in Berlin ein dreistündiges Theaterstück aufgeführt und war die gesamten drei Stunden auf der Bühne. Er lernte in diesem Alter noch lange Texte

auswendig. Übung macht den Meister. Fangen Sie am besten gleich mit den nachfolgenden Übungen an.

J: Glaubenssätze/Einstellung
Ihre Punktzahl: __________

Einer der wichtigsten Faktoren für die gute Funktionsfähigkeit Ihres Gedächtnisses sind Ihre Glaubenssätze. Wenn Sie der Überzeugung sind, daß Sie ein schlechtes Gedächtnis haben, so wird es auch so sein oder nach einiger Zeit so werden.
Meistens fängt alles ganz harmlos an. Mal einen Namen nicht mehr gewußt, und jemand sagte: »Du wirst wohl alt!« Und Sie antworteten vielleicht: »Ja, mit den Namen hab ich's nicht so!« Dies wurde dann irgendwann zum Glaubenssatz. Ein Kreislauf, der funktioniert.
Wenn Sie sich jetzt fragen, wie Sie Ihre Glaubenssätze ändern, rate ich Ihnen, auf positive Ereignisse zu achten und zu trainieren. Wie viele Namen von Bekannten wissen Sie denn? Sie kennen doch bestimmt einige Schauspieler, auch wenn Ihnen andere nicht mehr einfallen? Werten Sie die Erfolge nicht ab, und überbewerten Sie die Mißerfolge nicht. Achten Sie auf die Erfolge, und Ihre Glaubenssätze werden sich mit der Zeit ändern. Ihr Gedächtnis wird sich unweigerlich verbessern.

8–18 Punkte: Super. Ihre positive Einstellung sollten Sie sich bewahren. Lassen Sie andere teilhaben, und Sie werden noch mehr davon haben. Bleiben Sie so positiv gestimmt, und lassen Sie sich nicht unterkriegen. Wenn Sie so weitermachen, werden Sie im Alter noch fit sein. Ich gratuliere Ihnen und wünsche Ihnen weiterhin ein positiv gestimmtes Leben.

19–28 Punkte: Gut. Sie haben die Grundregeln des positiven Denkens verstanden und wenden diese auch an. Weiter so, kann ich da nur sagen. Bauen Sie Ihre Stärken aus, und lassen Sie sich nicht durch Miesmacher unterkriegen. Beschäftigen Sie sich mit positiven Dingen und nicht zu sehr mit Nachrichten negativer Ereignisse, die Sie sowieso nicht ändern können.

29–38 Punkte: Sie können viel mehr, als Sie denken. Manchmal merken Sie

es bestimmt. Ich empfehle Ihnen, Bücher über positives Denken zu lesen (siehe Literaturhinweise).
Achten Sie mehr auf Ihre Erfolge, und verschwenden Sie keine Zeit, um Mißerfolgen nachzuhängen. Mißerfolge sind dazu da, daraus zu lernen, und nicht, um zu resignieren. Unterschätzen Sie die Macht Ihrer Gedanken nicht. Diese Macht ist grundlegend für alles andere. Sprichwörter sagen dies auch schon: »Wo ein Wille, da ein Weg.« Viel Erfolg!

39–48 Punkte: Warum glauben Sie nicht, daß Sie besser sind? Was hat dazu geführt, daß Sie so schlecht von sich denken? Wachen Sie auf! Wenn Sie Ihre Einstellung nicht ändern, wird sich gar nichts ändern. Genau hier müssen Sie anfangen.
Ich empfehle Ihnen, die Bücher aus der Literaturliste unbedingt zu lesen. Probieren Sie es doch mal aus, es könnte Ihr Leben positiv verändern. Viel Erfolg!

2.4 Die Ursachen – Überprüfung des Gelernten

Schreiben Sie in Stichworten so viele Ursachen für die einzelnen Bereiche in die vorgesehenen Zeilen wie möglich.

Energie – Was führt dazu, daß Sie sich geistig fit fühlen (voller Energie)?

____

____

Konzentration – Was führt dazu, daß Sie sich gut konzentrieren können?

____

____

Motivation/Interesse – Was sind die Ursachen dafür, daß Sie Interesse an etwas haben?

____

Begreifen/Verstehen – Was führt dazu, daß Sie die dargebotenen Informationen gut verstehen?

Speichern/Einprägen – Was müssen Sie beachten, um Informationen richtig abzuspeichern?

Abrufen/Erinnern – Was sind die Ursachen dafür, daß Sie abgespeicherte Informationen abrufen können?

Arbeitsmethode – Was zählt zu einer guten Arbeitsmethode?

Kommunikation – Was sollten Sie beachten, um nicht durch falsche Kommunikation Probleme mit dem Gedächtnis zu bekommen?

Training – Wie können Sie Ihren geistigen Computer trainieren?

____

____

Glaubenssätze – Wie sollten Sie Ihre Glaubenssätze formulieren?

____

____

2.5 Die Ursachen im Überblick

Hier finden Sie die Ursachen, die Seminarteilnehmer am häufigsten nannten.

Energie – Was führt dazu, daß Sie sich geistig fit fühlen (voller Energie)?

- ausreichend Schlaf
- gesunder Körper
- kein Streß
- nicht zuviel Unerledigtes
- gute Arbeitsmethode
- Spaß am Leben

Konzentration – Was führt dazu, daß Sie sich gut konzentrieren können?

- keine großen Probleme
- keine Ängste
- entspannte Haltung
- keine inneren Störungen
- gutes Zeitmanagement
- keine akustische Ablenkung

Motivation/Interesse – Was sind die Ursachen dafür, daß Sie Interesse an etwas haben?

- Ziele sind klar
- Nutzen ist (sehr) groß
- Arbeit macht Spaß
- genügend Abwechslung
- Geld, Macht etc.
- optimale Herausforderung

Begreifen/Verstehen – Was führt dazu, daß Sie die dargebotenen Informationen gut verstehen?

- genügend Vorkenntnisse
- genügend Vorerfahrung
- Wörter sind bekannt
- gleiche Sprache
- Beispiele, Vergleiche
- Gliederung übersichtlich

Speichern/Einprägen – Was müssen Sie beachten, um Informationen richtig abzuspeichern?

- genügend Speicherzeit
- bildhafte Umsetzung
- Information gut verknüpfen
- rechtzeitige Wiederholung
- mit Bekanntem verbunden
- kleine Schritte zum Erfolg

Abrufen/Erinnern – Was sind die Ursachen dafür, daß Sie abgespeicherte Informationen abrufen können?

- guter Auslöser
- kein Blackout
- kein Abrufstreß
- ausreichend Zeit
- keine Gegenprogramme
- gute Eselsbrücke

Arbeitsmethode – Was zählt zu einer guten Arbeitsmethode?

- Prioritäten setzen
- geordneter Schreibtisch
- schriftlicher Tagesplan
- Ziele aufschreiben
- keine Zettelwirtschaft
- realistische Zeitplanung

Kommunikation – Was sollten Sie beachten, um nicht durch falsche Kommunikation Probleme mit dem Gedächtnis zu bekommen?

- Vielredner stoppen
- komplexe Infos wiederholen
- nein sagen können
- auf Verstehen achten
- Zeit fürs Abspeichern
- bei Vorträgen mitschreiben

Training – Wie können Sie Ihren geistigen Computer trainieren?

- beim Kopfrechnen
- Gedichte lernen
- Memory-Spiel
- Strategiespiele
- Kreuzworträtsel
- Infos merken

Glaubenssätze – Wie sollten Sie Ihre Glaubenssätze formulieren?

- positive Sätze
- als »Ich«-Aussage
- ohne Verneinungen
- in der Gegenwartsform
- mutig, aber realistisch
- zu Ihrer Sprache passend

Teil 3:

Grundsätzliches über unser Gedächtnis

Wo werden Informationen überhaupt abgespeichert? Ist der Speicher irgendwann voll? Wird das Gedächtnis mit dem Alter schlechter? Diese und andere Fragen beschäftigen uns von Zeit zu Zeit. Auf den nächsten Seiten möchte ich Ihnen die wichtigsten Fragen beantworten und hilfreiche Tips für die Praxis geben. Dabei möchte ich mich auf solche Informationen beschränken, die Ihnen einen praktischen Nutzen bringen.

Einer der Hauptgründe dafür, daß viele diese Fragen nicht selbst beantworten können, liegt wohl darin, daß wir nie eine Bedienungsanleitung für unseren geistigen Computer erhalten haben. In der Schule lernen wir zwar sehr viel, jedoch nicht, *wie* wir uns die Lerninhalte am besten merken können. Der Lehrer sagt nur: »Bis morgen 20 Vokabeln lernen!«, welche Lernmethode für die Schüler am besten ist, verrät er allerdings meist nicht.

In meinen Seminaren für Lehrerinnen und Lehrer beim »Hessischen Institut für Lehrerfortbildung« wurde mir dann klar, warum. Die meisten Lehrer haben selbst diese Methoden nie gelernt. So traurig es klingen mag, aber diese Techniken, wie zum Beispiel die Mnemotechnik, sind nicht Bestandteil einer pädagogischen Ausbildung. Kreative Lehrer bilden sich weiter und vermitteln ihren Schülern dann auch die verschiedenen Lerntechniken. Leider sind diese noch nicht in der Mehrzahl. Der geistige Austausch zwischen Lehrern wird heute noch nicht so gefördert, wie dies in der Industrie zwischen Führungskräften praktiziert wird. Es bringt uns allerdings an dieser Stelle nicht weiter, darüber zu klagen, daß wir das nicht gelernt haben. Lassen Sie uns lieber etwas für die Verbesserung unseres Erinnerungsvermögens tun.

Erinnern Sie sich an Ihren letzten Urlaub. Denken Sie so genau wie möglich an eine bestimmte Situation. Was passiert? Wie erinnern Sie sich daran? Sehen Sie die erlebte Szene wieder vor Ihrem geistigen Auge? Sehen Sie bildhafte Eindrücke, die Sie unbewußt abgespeichert haben? Die meisten erinnern sich so an etwas. Wir sehen Bilder! Und das Gute daran ist: Es geschieht automatisch. Oder haben Sie sich im Urlaub gesagt: »Das präge ich mir jetzt aber mal schön bildhaft ein, damit ich es bei Bedarf wieder abrufen kann.«?

Denken Sie jetzt an ein Buch, das Sie gelesen haben. Wie kommt Ihnen diese Erinnerung in den Sinn? Auch bildhaft? Die meisten sehen spontan entweder das Titelbild oder die Szenen, die sie sich beim Lesen vorgestellt haben. Also wieder Bilder. Denken Sie an einen Lehrer aus der Schulzeit – wieder ein Bild? Manchmal erinnern wir uns auch über Worte oder Gerüche an erlebte Situationen, meistens sind es jedoch Bilder, die uns einfallen.

Diese Tatsache nutzen wir ab jetzt einfach aus. Wenn Sie sich also etwas merken möchten, stellen Sie sich das Ganze einfach als Bild vor, und schon ist es eingeprägt. Aber ganz so einfach ist es leider nicht. Vom Prinzip her zwar schon, aber nicht alles läßt sich so leicht als Bild sehen. Wir können hier allerdings die erste Regel zur Steigerung unserer Merkfähigkeit ableiten. *Prägen Sie sich Informationen bildhaft ein!* Wenn Sie sich Namen, Zahlen oder Vokabeln einprägen wollen, haben Sie es etwas schwerer als mit Urlaubserlebnissen, weil dies meistens keine Bilder sind; dazu aber später mehr. Je mehr Sinnesorgane durch ein Erlebnis aktiviert werden, um so einprägsamer ist dieses Erlebnis für unser Gedächtnis. Daraus entsteht der zweite Leitsatz: *Aktivieren Sie möglichst viele Sinnesorgane!*

Warum haben Sie sich die Situation im Urlaub so gut gemerkt? Vielleicht haben Sie es sehr genossen, an diesem Ort zu sein. Und schon haben wir die zweite Regel: *Mögen Sie die Informationen, die Sie sich einprägen wollen!* »Leicht gesagt, aber wie soll man alle Informationen mögen?« Natürlich gibt es in jedem Bereich auch Informationen, die man langweilig und überflüssig findet, dies sollten aber nicht mehr als 10 Prozent des gesamten Lernstoffes sein.

Stellen Sie sich jetzt vor, daß Sie auf einem Parkplatz mit ganz vielen Autos parken. Mitten in den Autos steht ein gelber Wohnwagen, der durch seine Höhe und seine grelle Farbe auffällt. Wenn Sie eine Stunde später wieder an diesen Parkplatz denken würden, fiele Ihnen wahrscheinlich auch sofort der Wohnwagen wieder ein. Warum? Weil er auffällig war! Wir merken uns außergewöhnliche Sachen leichter als durchschnittliche.
Hieraus ergibt sich die dritte Regel: *Gestalten Sie Informationen außergewöhnlich!* So hätte zum Beispiel auch die grelle Farbe genügt, daß Sie sich an diesen Wohnwagen schneller erinnert hätten. Die Werbefachleute kennen dieses Prinzip und nutzen es in jeder Anzeige kräftig aus. Wir leiten daraus unsere nächste Regel für ein erfolgreicheres Einprägen ab: *Prägen Sie sich Informationen in Farbe ein!* Wie Sie das dann in der Praxis tun können, dazu kommen wir später noch. Im Moment geht es darum, die grundsätzliche Arbeitsweise des Gedächtnisses zu verdeutlichen.

Stellen Sie sich vor, Sie liegen im Urlaub jeden Tag einige Stunden faul am Strand rum. Jeden Tag sehen Sie viele Surfer auf dem Meer. Eines Tages bekommen Sie selbst Lust auf Bewegung und stellen sich auf ein Surfbrett. Sie kämpfen gegen Wind und Wellen. Voller Konzentration sind Sie dabei. Manchmal verlieren Sie das Gleichgewicht und fallen ins Wasser. Nach einem Jahr denken Sie jetzt noch einmal an den Urlaub zurück. Mit großer Wahrscheinlichkeit wird Ihnen die eine Szene auf dem Surfbrett viel schneller einfallen als die täglichen Stunden am Strand.

Dies liegt zum einen an der Bewegung, die Sie dabei hatten, und zum anderen an den Emotionen, die beim Surfen aufgetreten sind. Hieraus können wir die nächsten drei Leitsätze formulieren. *Gehen Sie eine persönliche Beziehung mit Informationen ein! Stellen Sie sich bewegte, lebendige Bilder vor! Verbinden Sie die Informationen mit Gefühlen!*

Daß sich solche Erlebnisse tiefer einprägen und auch leichter erinnert werden, können Sie auch daran feststellen, daß Sie sich an irgend etwas erinnern, das länger als zehn Jahre zurückliegt. Die Erlebnisse, die einem zuerst einfallen, waren meist mit starken Gefühlen verbunden. Nutzen wir diesen Mechanismus!

Was fällt Ihnen ein, wenn Sie an Paris denken? Der Eiffelturm, die Champs-Elysées, Notre-Dame, Sacré-Coeur oder französische Straßencafés? Denken Sie jetzt einmal an Pisa. Was fällt Ihnen ein?

Wie funktionieren diese Erinnerungen? Durch Gedankenverbindungen (Assoziationen). Wer in Paris war und den Eiffelturm besucht hat, hat diese beiden Informationen automatisch im Gedächtnis miteinander verbunden. So lernen wir grundsätzlich. Neue Informationen werden an alte angeknüpft. Hieraus entsteht die nächste Regel für unser Gedächtnis: *Bauen Sie Gedankenverbindungen auf!*

Fassen wir noch einmal die Regeln für erfolgreiches Einprägen zusammen:

Regeln für erfolgreiches Einprägen:

- Prägen Sie sich Informationen bildhaft ein!
- Aktivieren Sie möglichst viele Sinnesorgane!
- Prägen Sie sich Informationen in Farbe ein!
- Mögen Sie die Informationen, die Sie sich einprägen wollen!
- Gestalten Sie Informationen außergewöhnlich!
- Gehen Sie eine persönliche Beziehung mit Informationen ein!
- Stellen Sie sich bewegte, lebendige Bilder vor!

- Verbinden Sie die Informationen mit Gefühlen!
- Bauen Sie Gedankenverbindungen auf!

Nach diesen Regeln arbeitet unser Gedächtnis. Jetzt liegt es an uns, die Informationen, die nicht diesen Rahmenbedingungen entsprechen, so umzuwandeln, daß sie für unser Gedächtnis auch verdaubar werden. Schauen wir uns zunächst einmal anhand eines Modells an, wie die Informationsverarbeitung in unserem Kopf organisiert ist.

3.1 Die Firma im Kopf

Stellen Sie sich vor, Sie sind der Chef oder die Chefin Ihrer eigenen Firma. Und zwar einer Firma mit vielen kleinen geistigen Mitarbeitern, die ständig für Sie auf den Beinen sind. Ich meine Ihren gesamten Körper als wohlorganisierte Firma. Wenn Sie sich beispielsweise in den Finger schneiden, so sorgen Ihre Mitarbeiter dafür, daß das Blut sofort gerinnt, die Wunde verheilt und die Haut nachher wieder so aussieht wie vorher.

Wenn Sie Ihre Hand heben wollen, so wird es ausgeführt. Wenn Sie mit der Gabel ein Stück Nahrung in den Mund führen möchten, so geschieht es. Der Vorgang ist abgespeichert und wird vollzogen. Wenn Sie am Strand sitzen und die Umgebung genießen, wird das Bild eingeprägt, in Ihr Gedächtnis als Abbild eingelagert. All dies sind großartige Leistungen, die wir als selbstverständlich hinnehmen.

Schauen wir uns die Abteilung »Gedächtnis« einmal genauer an. Da gibt es einen Lagerverwalter, der die Aufgabe hat, die ungeheure Menge an Informationen zu verarbeiten. Zur Bewältigung der Informationsflut hat er sich Pförtner eingestellt. Diese sollen aussuchen, was überhaupt ins Gedächtnis darf und was nicht. Manches wird gleich an der Tür abgewimmelt. Die Einrichtung der Pförtner ist meistens praktisch, manchmal aber auch nicht.

So könnte es passieren, daß der Pförtner den Namen eines ganz unsympathischen Herrn abwimmelt und sich nachher der Chef (also Sie) darüber beschwert. Erst gibt der Chef dem Pförtner Befehle wie z. B.: »Kann mir keine Namen merken!« (Befehl: Keine Namen merken!) oder »Am liebsten würde ich nur mit netten Menschen zu tun haben!« (Befehl: Nur nette Menschen beachten!), und dann beschweren Sie sich, wenn Ihr kleiner Mitarbeiter im Kopf, der Pförtner, seinen Job gut macht!

Ach ja, da ist noch die Geschichte mit der Witzekammer. Vielleicht kennen

Sie das: »Ich kann mir einfach keine Witze merken!« Das haben Sie bestimmt schon einmal gehört oder vielleicht sogar selbst gesagt. Wie entsteht dieser Gedanke, und was können Sie dagegen tun?

Stellen Sie sich mal vor, Sie haben als kleines Mädchen bzw. kleiner Junge einen bestimmten Witz gehört. Dieser hat Ihnen gut gefallen, und Sie haben sich den Witz gemerkt. Einige Tage später erzählen Sie diesen Witz ganz stolz Ihren Freunden. Keiner lacht. Die finden den Witz sogar langweilig. Sie ärgern sich. Die Kommunikation wird schlechter, und auch dieses Gefühl wird abgespeichert, denn es wird immer auch die Emotion mit abgelegt. Ein paar Tage später versuchen Sie es erneut. Wieder ein Mißerfolg.

Schauen wir uns dies einmal aus der Sicht der geistigen Mitarbeiter an: Chefin/Chef (also Sie) erzählt Witz, daraufhin Streß mit Freunden, Ärger, Traurigkeit! Was lernen die kleinen geistigen Mitarbeiter daraus? »Witze bringen nur Streß und Unlustgefühle! Am besten machen wir die Witzekammer zu!« Die Mitarbeiter stellen vorsichtshalber eine Wache auf, um Sie als Chef vor neuen Unlustgefühlen zu schützen. Pro Mißerfolg eine Wache. Bei manchen stehen ganze Armeen vor der Witzekammer. Das kann sich dann schließlich so auswirken, daß Sie 10, 20 oder 30 Jahre später in einer lustigen Runde sitzen, in der jeder mal einen Witz erzählt. Sie schicken unbewußt einen Mitarbeiter runter in die Witzekammer, um einen Witz zu holen. Der aber stößt auf die Wächter. Keine Chance. Der eine Wächter sagt noch: »Sag dem Chef, daß er sich keine Witze merken kann, das behauptet er doch immer!«

Und so geschieht es, daß man sich zwar Witze einprägt und sie wiedererkennt, sie aber nicht abrufen kann. Da ist eine Blockade. Ein Gegenprogramm sozusagen. Obwohl Ihre Mitarbeiter Sie ja eigentlich nur schützen wollten.

Was können wir gegen solche Blockaden tun? Zunächst ist wichtig, daß wir diese überhaupt wahrnehmen und dann überprüfen, ob wir diese noch brauchen. Wir sollten uns auch nicht über solche Blockaden ärgern. Jede Blockade hatte einmal einen Sinn und Zweck. Manche sind eben nun nicht mehr ganz aktuell und eher hinderlich.

Wenn Sie zum Beispiel bei Witzen der Meinung sind, sich doch mal einen merken zu wollen, dann können Sie im Kapitel »Raumauslöser« die Technik dazu erfahren und gleich ausprobieren.

3.2 Bildhaftes Denken – rechte und linke Gehirnhälfte

Haben Sie schon einmal versucht, gegen ein Kind Memory zu spielen? Die meisten Erwachsenen haben keine Chance. Woran liegt das bloß? Sind Kinder geistig noch fitter, oder haben sie andere Tricks?

Es liegt meistens nur an zwei Eigenschaften: Erstens denken die Kinder bildhafter, und zweitens sind sie darin trainierter. Klingt fast zu einfach, um der hauptsächliche Grund zu sein. Gehirnforscher haben herausgefunden, daß wir die beiden Gehirnhälften unterschiedlich einsetzen. Die linke Gehirnhälfte ist für die logischen, abstrakten Informationen zuständig. (Eselsbrücke zum Merken: Links – Logisch.) Die rechte Gehirnhälfte arbeitet bildhaft.

Da wir in der Schule, im Studium und später auch im Berufsleben meist die linke Gehirnhälfte trainieren, wird diese mit der Zeit immer besser. Die andere verkümmert dementsprechend. Es ist, als würden Sie beim Tennis immer nur die Muskeln eines Armes trainieren.

Wichtig für das erfolgreiche Abspeichern von Informationen ist, daß diese bildhaft abgespeichert werden. »Die Kinder haben noch Phantasie!« höre ich oft jemanden im Seminar sagen. Aber Sie haben diese Phantasie auch noch! Sie ist meistens nur nicht so aktiviert wie bei Kindern. Sie können genauso bildhaft denken und somit Ihren geistigen Computer besser nutzen. Sie können es! Probieren Sie es.

3.3 Erst wahrnehmen – dann einprägen

Wissen Sie noch, wie alle Ihre Gesprächspartner von gestern gekleidet waren? Falls ja, dann haben Sie es erstens wahrgenommen und es sich zweitens eingeprägt. Wenn Sie es nicht mehr wissen, war es für sie wahrscheinlich nicht so wichtig. Wir merken uns eben nur das, was wir auch wahrnehmen.

Als zehnjähriger Junge habe ich das erste Mal eine Brille bekommen. Ich durfte mir ein bestimmtes Modell aussuchen. Da bemerkte ich erst, wie viele verschiedene Brillen es gibt. Vorher war mir dies nie aufgefallen. Vor einiger Zeit habe ich eine neue Haustür ausgesucht, und da ist das gleiche passiert. Plötzlich habe ich gesehen, wie viele verschiedene Haustüren es gibt. Wenn wir etwas bewußt wahrnehmen, fällt es uns wesentlich leichter, uns dieses einzuprägen und uns daran auch noch später zu erinnern.

Je bewußter und wacher wir also durch die Gegend laufen, um so besser funktioniert unser Gedächtnis. Wir alle nehmen die Umwelt durch Filter wahr, die durch unsere Einstellung, unsere Erfahrungen und Erlebnisse geformt werden. Es ist so, bis wir uns dessen bewußt sind. Doch dann können wir die Wahrnehmungsfilter verändern.

3.4 Kurz- und Langzeitgedächtnis

Zur Verdeutlichung möchte ich Ihnen ein Modell darstellen, welches die Funktionsweise des Gedächtnisses zeigt. Nach dem Biologen und Gehirnforscher Frederik Vester arbeitet unser Gedächtnis nach folgendem Muster:

Informationen ▼▼▼▼▼▼▼▼▼▼▼	Millionen von Eindrücken strömen ständig auf uns ein. Ein erster unbewußter Filter siebt aus dieser Vielzahl von Informationen jene aus, die für das Überleben wichtig erscheinen.
Ultrakurzzeit-gedächtnis (UKZG)	Im **Wahrnehmungsspeicher** oder **Ultrakurzzeitgedächtnis** bleiben die Informationen einige Sekunden und gehen dann weiter Richtung Kurzzeitgedächtnis.
▼ ▼ ▼ ▼	Wieder entscheidet ein unbewußter Filter, welche der wahrgenommenen Informationen ausgesiebt und welche weitergeleitet werden.
Kurzzeit-gedächtnis (KZG)	Im **Kurzzeitgedächtnis** verweilen die Informationen einige Minuten. Noch können die Informationen wieder ganz vergessen werden.
▼ ▼	Der letzte Filter entscheidet, ob die Informationen wieder gelöscht oder endgültig im Langzeitgedächtnis abgespeichert werden.
Langzeit-gedächtnis (LZG) aktiver/passiver Speicher	Im **Langzeitgedächtnis** angekommen, stehen die Informationen theoretisch zur Verfügung. Die meisten Informationen wandern allerdings nach kurzer Zeit in den passiven Bereich, den wir oft auch Unterbewußtsein nennen.

An dem Schaubild wird deutlich, daß Sie mit Informationen überflutet werden. Sie nehmen Millionen verschiedener Eindrücke gleichzeitig wahr. Auch jetzt strömt eine Vielzahl von Eindrücken auf Sie ein, von denen Sie aber nur bestimmte wahrnehmen. Am ersten Filter wird entschieden, ob die Informationen wichtig oder unwichtig für Sie sind. Dieser Vorgang geschieht meist unbewußt. Das gleiche passiert beim zweiten Filter.

Die Entscheidungskriterien für das Passieren der Filter sind:

- Ist diese Information für das Überleben wichtig oder nicht?
- Ist die Information bildhaft?
- Ist die Information neu, außergewöhnlich, interessant, witzig oder besonders?

Informationen, die für Sie außergewöhnlich, neu oder mit besonderen Gefühlen verbunden sind, passieren diese Filter meist im Schnelldurchlauf und nisten sich sofort im Langzeitgedächtnis ein. Ist eine Information in unserem Langzeitgedächtnis angekommen, kann sie im aktiven oder im passiven Speicher aufbewahrt werden. Die meisten Informationen befinden sich im passiven Bereich.

Wenn Sie sich beispielsweise jetzt daran erinnern sollten, wie die Namen aller Ihrer Mitschüler aus der 6. Klasse lauteten, dürfte es Ihnen normalerweise Schwierigkeiten bereiten, alle auf Anhieb aufzuzählen. Die Namen sind zwar in Ihrem passiven Speicher aufbewahrt, können aber nicht spontan abgerufen werden. Die Informationen befinden sich sozusagen auf einem hinteren Regal. Wenn Sie allerdings jetzt ein altes Fotoalbum hervorholen und etwas in den Erinnerungen kramen, kommen immer mehr Einzelheiten zum Vorschein. So können Sie die Informationen aus dem passiven in den aktiven Bereich bewegen. Ihre geistigen Mitarbeiter in Ihrer Gedächtniskammer räumen die Informationen von den hinteren auf die vorderen Regale, der Zugriff wird somit für die Zukunft erleichtert.

3.5 Die Vergessenskurve

Beim täglichen Arbeiten vergessen viele, die gelernten Informationen rechtzeitig zu wiederholen. Beispielsweise besuchen Sie von Montag bis Mittwoch ein Computerseminar. Am Montag, Dienstag und Mittwoch bekommen Sie viele neue Informationen. Am Donnerstag und Freitag haben Sie keine Zeit und am Wochenende nicht die Möglichkeit zu wiederholen. Montag der nächsten Woche setzen Sie sich an den Computer und wollen sich an die Inhalte des Seminars erinnern. Leider müssen Sie feststellen, daß bereits nach einer Woche viele Informationen scheinbar vergessen sind.

Wie sieht dieser Vorgang in unserem Modell mit dem Gedächtnis als Lager aus? Ihr Lagerverwalter wundert sich zunächst über die vielen neuen Ordner, die er von Montag bis Mittwoch in Ihrem Gedächtnis verstauen muß. Auf manchen Ordnern hängen sogar noch Zettel dran wie zum Beispiel: »Habe ich nicht verstanden!« »Muß ich noch einmal nachlesen!« Diese Ordner fallen als erste vom Regal, es entstehen Wissenslücken. Am Donnerstag geht alles wieder seinen gewohnten Gang. Die Ordner mit den neuen Informationen stehen dem Lagerverwalter nur im Weg. Er räumt sie weiter nach hinten. Am Freitag, Samstag und Sonntag das gleiche. Am Montag nach einer Woche schickt der Chef (also Sie) einen Boten ins Lager und fragt nach den Ordnern, die mittlerweile schon Staub angesetzt haben. Unglaubliche Hektik bricht aus – der Chef hängt sich genau an den Ordnern auf, die als erste runtergefallen sind, statt sich über die anderen zu freuen. Nein! Immer das gleiche!

Wie kam es zu diesem Dilemma? Da die Informationen nicht rechtzeitig wiederholt wurden, sind diese in den passiven Bereich abgewandert. Diese jetzt wieder zu aktivieren, bedeutet Suchen und Kramen. Hätten Sie die Unterlagen vom Computertraining nur mal kurz am jeweiligen Abend und am Donnerstag oder Freitag überflogen, wäre die Erinnerung viel besser gewesen. Das Motto heißt also: Rechtzeitig wiederholen! Wichtige Informationen am besten am 1., 3., 7., 14. und 30. Tag wiederholen.

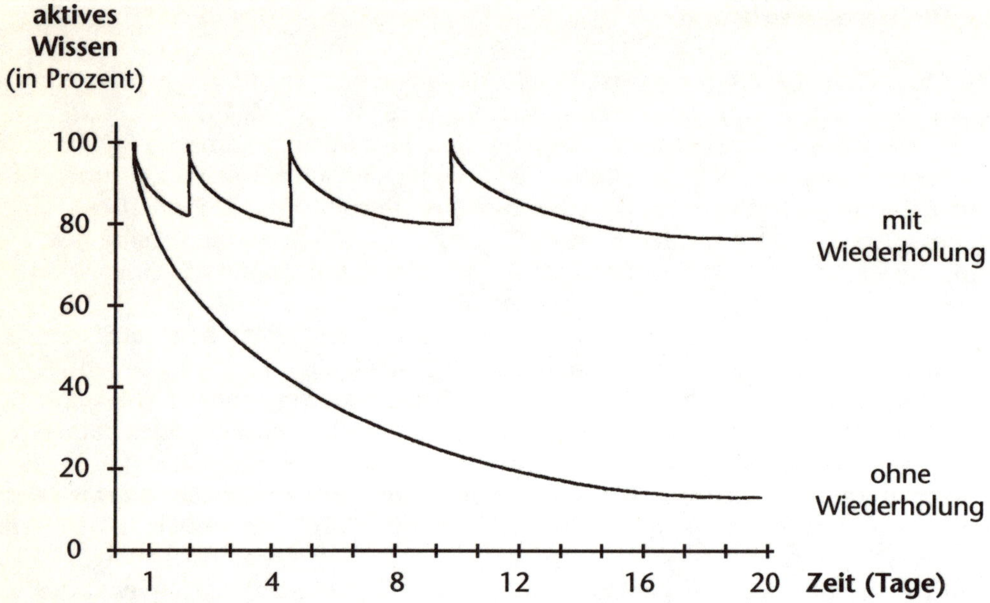

An dem Schaubild können Sie den durchschnittlichen Verlauf des Vergessens von Informationen mit und ohne Wiederholung erkennen.

Teil 4:

Mnemotechnik – die Gedächtniskunst

Immer wieder sehen wir lebendige Beispiele, die durch eine überwältigende Gedächtnisleistung andere Menschen tief beeindrucken. So etwa ein Herr in der Sendung »Wetten, daß ...«, der die Zuschauer damit begeisterte, daß er sich eine 600stellige Zahl in der Zeit von nur einer Stunde merkte. Wie machen solche Menschen das bloß? Sind das Wunderkinder, oder könnte das jeder von uns?

Die Antwort liegt zum großen Teil in der Technik. Die Art und Weise, wie Sie sich etwas merken, entscheidet oft über Erfolg oder Mißerfolg. Die Gedächtniskunst heißt unter den Fachleuten »Mnemotechnik«. Das Wort hat einen griechischen Ursprung. Eine Muse von Zeus, die den Namen »Mnemosine« trug, war die Göttin des Gedächtnisses. Im Wörterbuch finden Sie unter »Mnemotechnik«: »die Gedächtniskunst, die durch systematisches Training die Leistung des Gedächtnisses steigert«. Außerdem noch das Wort »Mneme«, welches »Erinnerung« oder auch »Gedächtnis« bedeutet.

Wie funktioniert nun diese Gedächtniskunst? Kurz gesagt, es ist nichts weiter als die perfekte Art, sich durch bildhafte Eselsbrücken an alles erinnern zu können. Praktische Beispiele finden Sie auf den nächsten Seiten.

Die nun folgenden Methoden sind für Sie wahrscheinlich neu und ungewohnt.

In den meisten Fällen können Sie mit einer Verbesserung Ihrer alten Methoden Ihre Leistungen um 5, 10, vielleicht sogar um 20 Prozent anheben. Wollen Sie jedoch eine Steigerung um 100 Prozent erreichen, so müssen Sie neue Wege einschlagen. Diese neuen Wege werden in den folgenden Kapiteln beschrieben.

4.1 Auslöser

Herr Dömm möchte ein Bild aufhängen und benötigt dazu einen Hammer und einen Nagel aus dem Keller. Er steht an der Kellertür und will gerade in den Keller gehen, da bittet ihn seine Frau, ein paar Getränke mit nach oben zu bringen. Er geht in den Keller. Unten angekommen, denkt er nur noch an sein Bild, den Hammer und den Nagel. Er vergißt die Getränke, geht die Kellertreppe wieder hinauf, kommt an die Kellertür – da fällt es ihm ein. Er hat doch wirklich die Getränke vergessen! Er stöhnt, geht die Treppe wieder runter und holt die Getränke. Kennen Sie solche Situationen? Die meisten ärgern sich nur darüber, daß sie etwas vergessen haben, statt sich zu fragen, warum es passierte.

An der Kellertür fiel es Herrn Dömm wieder ein. An dieser Stelle hatte es seine Frau ihm auch gesagt. Die Kellertür war für Herrn Dömm unbewußt der Auslöser für die Information »Getränke mitbringen«. Pech, daß die Kellertür oben und nicht unten im Keller war. Er mußte zweimal gehen, weil der Auslöser an der unpassenden Stelle lag.

Geschickter wäre es gewesen, sich bewußt einen Auslöser zu suchen, der sich unten im Keller in der Nähe des Werkzeugs befindet. Nämlich dort, wohin er ja nun ging. Er hätte den Auslöser und die Getränke auch miteinander verbinden können. – Zum Beispiel könnte er im Geist mit dem Hammer auf die Flaschen schlagen. Sobald er den Hammer dann im Keller erblickt, fallen ihm sofort die Flaschen ein.

Frau Schüsslich hat einen Brief geschrieben. Sie geht später aus der Wohnung, allerdings ohne den Brief. Als sie an einem Postkasten vorbeikommt, fällt ihr der Brief ein. Der Briefkasten dient als Auslöser für den geschriebenen Brief.

Sie ärgert sich, obwohl das Gedächtnis eigentlich auch hier prächtig funktioniert. Ein Auslöser bringt die eingeprägte Information zum Vorschein, nur leider zu spät für Frau Schüsslich. Frau Schüsslich ärgert sich, dabei hat sie nichts dafür getan, daß ihr der Brief auch rechtzeitig wieder einfällt. Sie hätte entweder den Brief gleich einstecken oder ihn vor die Haustür legen sollen. Wenn das nicht möglich ist, könnte sie sich vorstellen, daß der Brief ganz aufgeregt an der Haustür auf- und abspringt und ruft: »Nimm mich

mit, nimm mich mit!« Diese Variante klingt zwar komisch, ist aber sehr effektiv.

Die beiden Beispiele zeigen, daß unser Gedächtnis mit Hilfe von Auslösern funktioniert. Die Kellertür erinnert an die Getränke und der Briefkasten an den Brief. Das Gedächtnis arbeitet immer so.

In einem früheren Kapitel habe ich die Städte Paris und Pisa erwähnt. Bei Pisa fällt uns der schiefe Turm ein. Pisa ist der Auslöser für den schiefen Turm. Genau dieses Prinzip können wir zur Steigerung unseres Gedächtnisses nutzen. Wenn Sie etwas aus dem Keller holen sollen, dann fragen Sie sich, wann es Ihnen wieder einfallen soll. Nämlich genau dann, wenn Sie unten im Keller sind. Stellen Sie sich vor, wie Sie selbst in die Ecke mit den Getränken gehen und dann mit allen Sachen wieder hochkommen, oder nehmen Sie einen Gegenstand als Auslöser.

4.2 Situationsauslöser

Nachdem das Prinzip der Auslöser klar geworden ist, können wir es nun einsetzen. Zur Verdeutlichung möchte ich Ihnen einige Beispiele von Seminarteilnehmern erzählen, die solche Auslöser erfolgreich verwendet haben.

So hatte zum Beispiel Frau Böttcher oft das Problem, daß sie nicht mehr wußte, ob sie abgeschlossen hatte. Wenn das öfter passiert, muß man zu etwas ungewöhnlichen Mitteln greifen, um eine solche Angewohnheit loszuwerden. Damit Frau Böttcher sich besser an den Vorgang des Abschließens erinnern konnte, warf sie den Schlüssel nach dem Abschließen in die Höhe und klatschte in die Hände. Dies war so komisch, daß sie nach einer halben Stunde, als sonst immer die Zweifel einsetzten, noch ganz genau wußte, es getan zu haben (Auslöser: Vorgang des Abschließens, besonderes Einprägen durch Hochwerfen des Schlüssels).

Herr Schmidt wollte sich nach dem Duschen nackt wiegen. Immer wieder vergaß er es, und sein Blick fiel erst auf die Waage, wenn er bereits angezogen war. Er hat sich nach dem ersten Teil des Seminars in der Dusche vorgestellt, wie er danach den Vorhang zur Seite schiebt und die Waage auf einmal ganz aufgeregt im Bad umherspringt. Klingt verrückt, aber es hat funktioniert. Er mußte spontan lachen und hat das Wiegen seitdem nie mehr vergessen (Auslöser:

Das Öffnen des Duschvorhangs, gedankliche Verbindung: Waage springt im Bad umher).

Herr Krüger beklagte sich darüber, daß er sich manchmal vornehme, einem Kollegen etwas zu sagen, und es dann doch wieder vergesse, bis er den Kollegen auf dem Gang träfe. In einer anderen Situation wollte er einen Kollegen darum bitten, ihm doch einen bestimmten Ordner vorbeizubringen.

Herr Krüger wußte, daß er an dem Tag seinen Kollegen beim Essen in der Kantine treffen würde. Da sollte es ihm aber dann auch einfallen! Er stellte sich den Kollegen also beim Essen vor, mit einem Ordner auf dem Kopf! Er schmunzelte über das Bild, aber es fiel ihm dann tatsächlich sofort wieder ein (Auslöser: Kollege beim Essen, mnemotechnisches Bild: Kollege mit Ordner auf dem Kopf).

Frau Bergmann kam mit einem Schirm ins Seminar und klagte darüber, daß das bereits ihr fünfter sei. Sie sei gespannt, ob sie nach dem Seminar daran denken würde, ihn mitzunehmen. Normalerweise fiele es ihr immer erst beim nächsten Regen ein, daß sie den Schirm irgendwo vergessen hatte (Auslöser: Regen, Erinnerung an Schirm). Wir waren uns einig darüber, daß sie etwas dafür tun müsse, damit ihr am Ende des Seminars der Schirm auch ohne Regen wieder einfiele.

Ein Teilnehmer machte den Vorschlag, den Schirm doch einfach neben die Tür zu stellen. In diesem Seminarraum war das nicht so praktisch, aber ansonsten wäre es eine einfache und wirkungsvolle Lösung. Ein anderer Teilnehmer schlug vor, sich vorzustellen, daß es direkt an der Tür des Raumes ganz stark regne. Dieses Bild gefiel der Teilnehmerin, und sie stellte es sich vor. Am Ende des Seminars war sie mit Mantel und Tasche schon bis zur Tür gekommen, dann aber blieb sie stehen und sagte: »Ach ja, beinahe hätte ich es wieder vergessen! Mein Schirm!« Sie lachte und ging zufrieden nach Hause (Auslöser: Tür, mnemotechnische Verbindung: Es regnet an der Tür).

Ein anderer Herr sagte, daß er nach dem Seminar zum Tanken fahren möchte und dazu an einer Kreuzung nach rechts abbiegen müsse. Sonst führe er jeden Tag nach der Arbeit an dieser Kreuzung geradeaus. Ihm sei es schon öfter passiert, daß er an der Kreuzung nicht daran gedacht habe, sondern erst später. »Was tun?«, war die Frage. Wichtig ist also wieder, daß an der richtigen Stelle, zur richtigen Zeit ein Auslöser den Herrn an das Tanken erinnert. Die richtige Stelle dafür ist die Kreuzung oder eine Stelle kurz vor der Kreuzung. Nach kurzem Überlegen kam der Vorschlag, sich doch Benzinkanister vorzustellen, die auf der Kreuzung herumhüpfen und damit auf die Tankstelle hinweisen. Witziger Gedanke. Der Teilnehmer kam am zweiten Tag zum Seminar und erzählte, daß ihm dieses Bild kurz vor der Kreuzung wieder in den Sinn gekommen sei und er dann zum Tanken gefahren sei.

Platz für Ihr Vorstellungsbild

Dieses Prinzip können wir natürlich auch zum Einprägen der Informationen aus dem Eingangstest verwenden.

Im Test sollten Sie sich zwei Geheimwörter merken. Das eine war das Zugangswort für den Computer: Kobold. Das zweite war das Codewort für das Sparbuch: Teddybär. Wichtig ist die Verbindung, die Sie zwischen dem bekannten Gegenstand (Computer, Sparbuch) als Auslöser und dem neuen Wort (Kobold, Teddybär) herstellen. Die Abbildungen zeigen Ihnen zwei Vorschläge.

Nachdem Sie jetzt einige Beispiele gelesen haben, lassen Sie uns einmal kontrollieren, ob das auch bei Ihnen funktioniert.

Denken Sie an die oben beschriebenen Situationen.

Welche Sachen holte der Mann aus dem Keller? ____________________

Was machte der Herr nach dem Duschen? ____________________

Was machte die Dame, damit sie an den Schirm dachte? ____________________

Was hüpfte auf der Kreuzung umher? ________________

Was hat die Dame mit dem Schlüssel gegen die Vergeßlichkeit getan? ________________

Wie heißt das Geheimwort für das Sparbuch? ________________

Wie heißt das Zugangswort für den Computer? ________________

Haben Sie die Fragen beantworten können? War kein Problem, werden Sie jetzt wahrscheinlich sagen, aber das war ja auch ganz leicht. Jawohl, es ist ganz leicht, wenn man weiß, wie es geht.

Vielleicht denken Sie jetzt, daß Ihnen solche verrückten, phantasievollen Möglichkeiten nicht so schnell einfallen würden. Das ist normal. Sie haben es bis heute ja wahrscheinlich auch noch nicht so oft trainiert, oder? Sie können ja auch nicht Tennis spielen, ohne es trainiert zu haben. Und genauso ist es mit der Mnemotechnik. Ohne Training geht es nicht, und dazu kommen wir im nächsten Kapitel.

4.3 Assoziationstraining

Im letzten Kapitel haben wir gesehen, daß es phantasievolle, verrückte Bilder sind, die unsere Erinnerung stimulieren können. Jetzt sind Sie an der Reihe, aus Informationen, die logisch nichts miteinander zu tun haben, eine kleine Geschichte zu formen. Achten Sie überhaupt nicht darauf, ob die Geschichte sinnvoll ist, sondern vielmehr, ob Sie die Regeln, die wir vor einigen Seiten erarbeitet haben, auch anwenden werden. Zur Erinnerung hier noch einmal die Zusammenfassung.

Regeln für erfolgreiches Einprägen

- Prägen Sie sich Informationen bildhaft ein!
- Aktivieren Sie möglichst viele Sinnesorgane!
- Prägen Sie sich Informationen in Farbe ein!
- Mögen Sie die Informationen, die Sie sich einprägen wollen!
- Gestalten Sie Informationen außergewöhnlich!

- Gehen Sie eine persönliche Beziehung mit Informationen ein!
- Stellen Sie sich bewegte, lebendige Bilder vor!
- Verbinden Sie die Informationen mit Gefühlen!
- Bauen Sie Gedankenverbindungen auf!

Stellen Sie sich jetzt vor, daß Sie beim nächsten Mal, wenn Sie aus dem Haus gehen, die alten Flaschen zum Flaschencontainer mitnehmen wollen. Was nehmen Sie als Auslöser? Verbinden Sie bitte jetzt den Auslöser mit den Flaschen.

Nehmen wir an, Ihnen fällt ein, daß Sie morgen früh im Büro als erstes einem guten Freund zum Geburtstag gratulieren wollen. Wählen Sie einen Auslöser, und verbinden Sie ihn geistig mit einem Bild für die Gratulation. Es sollte ein gutes Bild sein.

Abends im Bett fällt Ihnen auf einmal ein, daß Ihre Kollegin unbedingt noch den Bericht für den Kunden ändern muß, bevor er hinausgeschickt wird. Sie werden die Kollegin am nächsten Tag sehen. Wie können Sie das Bild gestalten?

Nach einer Besprechung müssen Sie umgehend einen Flug buchen lassen. Ihre Sekretärin erledigt dies normalerweise für Sie. Verbinden Sie die Sekretärin als Auslöser mit einem Flugzeug oder einem Flugticket.

Auf dem Weg zum Supermarkt fällt Ihnen ein, daß Sie außer den Gegenständen auf der Einkaufsliste auch noch Salz und Käse brauchen. Was nehmen Sie als Auslöser? Wo sollen Ihnen Salz und Käse wieder einfallen? Wie verbinden Sie jetzt den Auslöser mit Salz und Käse? Versuchen Sie es einmal.

Nach diesem Muster werden wir jetzt noch ein wenig weitertrainieren. Ziel der folgenden Übungen ist, daß Sie Ihre Phantasie so gut wie möglich einsetzen können. Es wird immer leichter und immer schneller gehen. Probieren Sie es aus.

Skizzieren Sie nun zum Training die folgenden Verbindungen:

Sektflasche

Hut

Blumen

Ventilator

Nagel

Auto

Milchtüte

Schirm

Vogel

Telefon

Maus

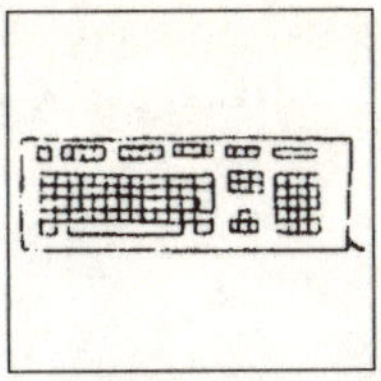
Tastatur

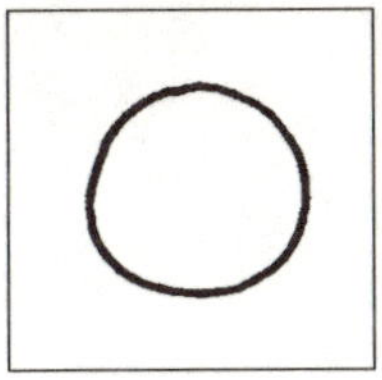
Ball

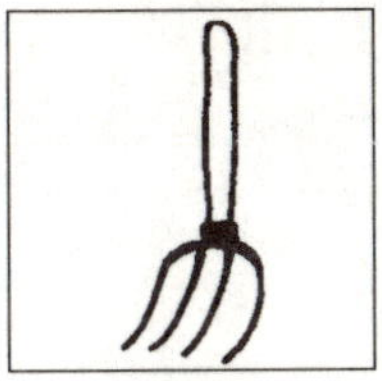
Mistgabel

Korkenzieher

Monitor

Hund

Bürostuhl

Schlüssel

Kaffeetasse

So, haben Sie die Bilder in die leeren Kästchen gezeichnet?

Können Sie sich noch an die Verbindungen erinnern? Schreiben oder skizzieren Sie die fehlenden Partner in die passenden Felder. Achtung, die Reihenfolge hat sich verändert!

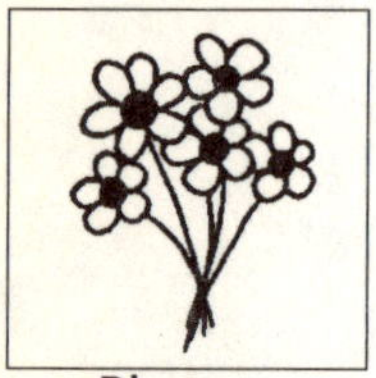
Blumen ______

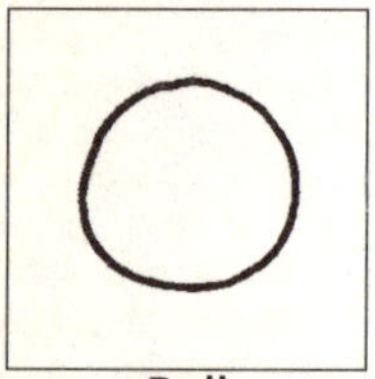
Ball ______

Schlüssel ______

Milchtüte ______

Nagel ______

Sektflasche ______

Vogel ______

Hund ______

Maus ______

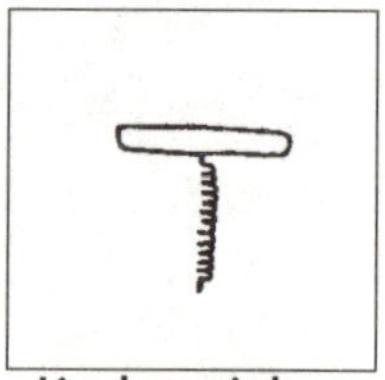
Korkenzieher ______

Wie hat dieses Training funktioniert? An wie viele von den zehn Bildern konnten Sie sich erinnern? Wenn es Ihnen schwer vorkam, so trainieren Sie dies noch ein wenig und schauen sich dazu die folgenden Vorschläge an. Ist es Ihnen leichtgefallen, so können Sie gleich die nächsten Übungen durchführen.

Vorschläge für die Verknüpfungen:

4.4 Kettenmethode – von der Verknüpfung zur Geschichte

Was Sie eben mit zwei Gegenständen vollbracht haben, können Sie auch mit mehreren Gegenständen. Der Trick dabei ist, daß man eine Geschichte aus den Begriffen bildet. Von einem zum nächsten, von diesem wieder zum nächsten und so weiter.

Eine solche Geschichte kann man sich viel leichter einprägen und damit auch leichter wieder abrufen. Die Geschichte bringt einen dann auch wieder auf alle Begriffe.

Zu Ihrem Verständnis folgt ein praktisches Beispiel. Es ist eine Geschichte, die auf den ersten Blick komisch und verrückt klingt. Machen Sie die nächste Übung einfach mal mit, und stellen Sie sich diese Geschichte möglichst lebendig und bildhaft vor.

Welchen Lerninhalt Sie dadurch außerdem noch mitbekommen haben, verrate ich Ihnen erst nach der Übung, um die Spannung nicht zu nehmen. Es kommt bei dem Beispiel übrigens nicht auf die Geschwindigkeit an, mit welcher Sie lesen. Also lassen Sie sich ruhig Zeit, damit Sie sich auch alles gut vorstellen können.

Übungsbeispiel

Stellen Sie sich ein Frachtflugzeug vor. Schauen Sie sich dieses Frachtflugzeug genau an. Geben Sie dem Flugzeug eine Farbe. Das Flugzeug steht auf dem Boden. Auf einmal geht die Ladeklappe auf, und es fährt ein Auto aus dem Flugzeug.

Sie gehen jetzt zu dem Auto hin und schauen es sich genauer an. Jetzt öffnen Sie den Kofferraum und finden im Kofferraum einen großen Hammer. Sie nehmen den Hammer heraus, den Sie kaum tragen können. Er fällt Ihnen aus der Hand – genau auf ein Reagenzglas, welches dadurch zerbricht. (Bitte alles bildhaft sehen!)

Den Schaden schauen Sie sich genauer an. Sie verstecken die Scherben des Reagenzglases in einer Steckdose. (Stellen Sie sich das wirklich bildhaft vor.) Aus der Steckdose kommen auf einmal zwei dünne Brote. So etwas haben Sie noch nie gesehen.

Die Brote stecken Sie in Ihre Jackentaschen. Durch die Brote wird die Jacke ganz schwer. Das wird Ihnen zu unbequem, und Sie hängen die Jacke über eine Eisenstange.

Jetzt nehmen Sie sich diese Eisenstange, legen die Jacke zur Seite und schlagen mit der Stange auf ein großes Blech. Dadurch entsteht ein Riesenlärm, und das Blech bekommt Beulen. Das Blech nehmen Sie, biegen es und stecken es in einen Plastikeimer. Der Plastikeimer beult sich dadurch an den Seiten ganz schön aus.

Sie hören auf einmal ein Knirschen aus dem Eimer und können gerade noch die Brille retten, die in dem Plastikeimer ist. Sie nehmen die Brille in die Hand, schauen diese an und sagen laut: »Jetzt ist aber Schluß!«

Das war das Übungsbeispiel.

Konnten Sie sich alles vorstellen? Falls ja, können Sie weiterlesen. Falls nein, sollten Sie die Geschichte noch einmal durchlesen.

Schauen wir doch mal nach, ob sich die Geschichte bei Ihnen gut eingeprägt hat. Denken Sie jetzt noch einmal an das Frachtflugzeug, und versuchen Sie die Geschichte wiederzugeben. Schreiben Sie die Geschichte in Stichworten in die nachfolgenden Zeilen. Viel Erfolg!

Frachtflugzeug ➠ ______________________________

____

____

____

____

____

Hat es geklappt? Haben Sie die Geschichte wiedergeben können? Falls ja, Gratulation! Woran hat es gelegen, daß sich die Geschichte so gut eingeprägt hat?

Welche Information Sie damit noch ganz nebenbei mitbekommen haben, das erfahren Sie auf der nächsten Seite.

Die 10 umsatzstärksten Exportartikel Deutschlands in der richtigen Reihenfolge
(Quelle: Statistisches Bundesamt, Wiesbaden)

Merkgeschichte	Auslöser	Exportartikel
Stellen Sie sich ein *Frachtflugzeug* vor.	**Frachtflugzeug**	**Auslöser für Export**
Auf einmal geht die Ladeklappe auf, und ein *Auto* fährt heraus.	**Auto**	**Straßenfahrzeuge**
Sie gehen hin, öffnen den Kofferraum und finden einen großen *Hammer.*	**Hammer**	**Maschinenbau-erzeugnisse**
Dieser fällt Ihnen runter, genau auf ein *Reagenzglas,* das zufällig da lag.	**Reagenzglas**	**Chemische Erzeugnisse**
Sie verstecken die Scherben des Reagenzglases in einer *Steckdose.*	**Steckdose**	**Elektrotechnische Erzeugnisse**
Plötzlich kommen aus den Löchern der Steckdose zwei dünne *Brote* heraus.	**Brot**	**Nahrungsmittel**
Sie nehmen diese Brote und stecken sie links und rechts in Ihre *Jacke.*	**Jacke**	**Textilien**
Die Jacke wird Ihnen zu schwer, und Sie hängen sie auf eine *Eisenstange.*	**Eisenstange**	**Eisen und Stahl**
Jetzt nehmen Sie die Eisenstange und schlagen damit auf ein *Blech.*	**Blech**	**Eisenbleche**
Das Blech falten Sie zusammen und stecken es in einen *Plastikeimer.*	**Plastikeimer**	**Kunststoffe**
Auf einmal knirscht es im Eimer, Sie schauen nach und finden eine *Brille.*	**Brille**	**Optische Erzeugnisse**

Ich hoffe, Ihnen hat dieses Übungsbeispiel gefallen. Vielleicht hatten Sie auch noch ein bißchen Schwierigkeiten, sich die ganze Geschichte zu merken. Denken Sie immer daran: Übung macht den Meister.

Zur Übung hier noch ein weiteres Beispiel: Stellen Sie sich vor, Ihr Kind soll für die Schule die 10 größten EU-Länder in der richtigen Reihenfolge, der Größe nach geordnet, auswendig lernen. Auch dies geht gut mit einer Geschichte:

Wir fangen mit dem Eiffelturm an. Sie schauen oben auf die Plattform und sehen einen wilden Stier, der ganz schnell umherläuft. Plötzlich sieht der Stier einen Elch. Der Elch kann gerade noch flüchten und versteckt sich unter dem Brandenburger Tor. Sie schauen durch das Tor und sehen direkt dahinter einen wunderschönen See. Sie gehen zu dem See und sehen, daß der See voller Gondeln ist. Überall fahren Gondeln. Sie fahren mit einer Gondel direkt zur Tower-Bridge, die sich gerade öffnet. Oben auf der Brücke löst sich eine Säule und rollt herunter. Diese Säule rollt immer schneller und zerstört schließlich eine Kiste mit Portwein. Eine Flasche Portwein bleibt ganz. Sie nehmen diese mit zum Wiener Prater. Dort auf dem Riesenrad genießen Sie die Aussicht. Ende der Geschichte.

EU-Mitgliedsstaat	Auslöser	dazu die Geschichte ...
1. Frankreich	Eiffelturm	Wir fangen mit dem *Eiffelturm* an. Sie schauen auf die Plattform und sehen ...
2. Spanien	Stier	einen wilden *Stier,* der ganz schnell umherläuft. Plötzlich sieht der Stier einen ...
3. Schweden	Elch	*Elch.* Der Elch kann gerade noch flüchten und versteckt sich ...
4. Deutschland	Brandenburger Tor	unter dem *Brandenburger Tor.* Sie schauen durch das Tor und sehen dahinter ...
5. Finnland	See	einen wunderschönen *See.* Sie gehen zu dem See und sehen, daß der See ...
6. Italien	Gondel	voller *Gondeln* ist. Überall fahren Gondeln. Sie fahren mit einer Gondel ...

7. England	**Tower Bridge**	direkt zur *Tower-Bridge,* die sich gerade öffnet. Oben auf der Brücke löst sich ...
8. Griechenland	**Griechische Säule**	eine *Säule* und rollt herunter. Diese Säule rollt immer schneller und zerstört ...
9. Portugal	**Portwein**	eine Kiste mit *Portwein.* Eine Flasche Portwein bleibt ganz. Sie nehmen diese mit ...
10. Österreich	**Riesenrad**	zum Wiener Prater. Dort auf dem *Riesenrad* genießen Sie die Aussicht. Ende der Geschichte.

Die Methode ist vielleicht ungewohnt, aber sehr wirkungsvoll. Wenn Sie diese Methode verwenden, sollten Sie die Kette in Ruhe bilden und bei Bedarf rechtzeitig wiederholen.

Die Erfahrung hat gezeigt, daß die Ketten am besten im Gedächtnis haften bleiben, wenn folgende Regeln beachtet werden:

Regeln für erfolgreiches Einprägen mit der Kettenmethode:

- immer nur zum nächsten Stichwort verbinden, keines überspringen
- bildhafte Geschichte bilden
- die Geschichte absurd, komisch und aktiv gestalten
- lebendige, aktive Bilder erzeugen

Vor einigen Wochen bekam ich ein Fax von einem ehemaligen Seminarteilnehmer, der sich mit der Kettenmethode einen ganzen Vortrag gemerkt hat, den er halten mußte. Er hat sich aus dem Vortrag die wichtigsten Stichwörter eingeprägt und diese dann miteinander verbunden. So war er in der Lage, den gesamten Vortrag frei zu halten. Das hat ihn so begeistert, daß er mir die Geschichte faxte. Damit Sie einen Eindruck bekommen, wie das funktioniert, hier sein Beispiel in verkürzter Form.

Auslöser	Information	Merkgeschichte
Schlüsselbund	Auslöser für Thema Datensicherheit	Stellen Sie sich einen *Schlüsselbund* vor ...
Schlüssel	Abschließbarkeit des PC/Schreibtisches	Am Schlüsselbund hängt ein *Schlüssel.*
Telefon	Abhörbarkeit des Telefons	Den Schlüssel stecken Sie jetzt in ein *Telefon.*
Fax	Abhörbarkeit des Fax	Ein Kunde ruft an und kündigt ein Fax an. Sie gehen zum *Faxgerät.*
Unterlagen	Unterlagen können liegenbleiben	Aus dem Faxgerät kommen einige wichtige *Unterlagen.*
PC	Paßwort (Zugang, Bildschirmschoner)	Die Unterlagen nehmen Sie und legen diese auf Ihren *PC.*
Gasthaus	Keine Gast-Kennungen erlauben	Mit Ihrem PC gehen Sie jetzt in ein *Gasthaus.*
Disketten	Viren auf Datenträgern	Im Gasthaus bekommen Sie eine *Diskette* als Vorspeise. Sie wundern sich darüber ...
Kabel	Gefährliche Downloads, Filetransfers	Sie wollen den Teller mit der Diskette zurückgeben, doch er ist mit einem *Kabel* befestigt.
Modem	Dial-In-Paßwort	Sie verfolgen das Kabel, und am Ende des Kabels befindet sich ein *Modem.*

So, das war ein weiteres Beispiel aus der Praxis. Ich hoffe, Sie sind etwas auf den Geschmack gekommen und probieren es einmal aus.

Mit dieser Methode können Sie sich nicht »nur« 10, sondern sogar 20, 30 oder 100 Wörter in der richtigen Reihenfolge merken. Diese Methode verwenden die Gedächtniskünstler, um ihr Publikum zu beeindrucken.

Die Kettenmethode können Sie in folgenden Fällen in der Praxis anwenden:

- Vorträge, freie Rede (Ersatz für Stichwortzettel)
- Aufzählungen (Argumente, Punkte etc.)
- Prüfungsantworten
- Einkaufszettel
- Zum Training, um Ihr Gedächtnis fit zu halten

4.5 Schubladenmethode

Bei der Schubladenmethode verwenden Sie feste Speicherplätze, die immer gleich sind. Die festen Speicherplätze nennen wir Auslöser. Diese Auslöser werden dann mit den Informationen verbunden, an die Sie sich später wieder erinnern möchten.

Die Methode erscheint auf den ersten Blick etwas umständlich, weil Sie die Auslöser zuerst noch lernen müssen. Die Auslöser werden jedoch nur ein einziges Mal gelernt und können dann immer wieder verwendet werden.

Als Auslöser können wir zum Beispiel die Zahlen 1, 2, 3 etc. nehmen. Da diese Zahlen nicht sehr bildhaft sind, werden sie vorher in Bilder umgesetzt. Die Zahl EINS kommt zum Beispiel im Wort »Formel EINS« vor. Denken wir an den Auslöser Nr. 1, sollten wir demnach einen Formel-EINS-Wagen sehen. Als zweiten Auslöser nehmen wir zwei Menschen, die sich sehr ähnlich sehen – Zwillinge. Als Auslöser Nr. 3 sehen wir ein DREI-Rad etc. Nachfolgend finden Sie die Auslöser aufgelistet.

Die Auslöser-Schubladenmethode:

Zahl	Auslöser
1 Eins	Formel-Eins-Rennwagen
2 Zwei	Zwei gleiche Menschen – Zwillinge
3 Drei	Dreirad
4 Vier	Vierblättriges Kleeblatt
5 Fünf	Fünf Finger an einer Hand – Hand
6 Sechs	Sechs Punkte auf einem Würfel – Würfel
7 Sieben	Sieben Zwerge
8 Acht	Achterbahn
9 Neun	Alle Neune beim Kegeln – Kegelbahn
10 Zehn	Zehnmarkschein
11 Elf	Fußballelf
12 Zwölf	Zwölf Uhr mittags – Standuhr

Wenn Sie diese Auslöser einmal lernen, besitzen Sie ein festes System, welches Sie immer wieder verwenden können. Stellen Sie sich vor, Sie gehen in Ihrer Firma durch Ihre Abteilung und hören von verschiedenen Personen einige Informationen, die Sie sich merken wollen, so können Sie diese Schubladenmethode anwenden.

Auf der nächsten Seite finden Sie Bilder zur Erleichterung. Prägen Sie sich zuerst alle 12 Auslöser ein, bevor Sie weiterlesen.

Die Auslöser-Schubladenmethode

1 Formel Eins **Rennwagen**	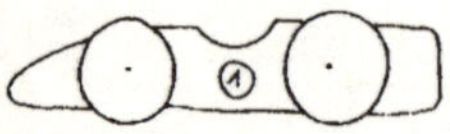	**7** **Sieben Zwerge**	
2 **Zwillinge**		**8** **Achterbahn**	
3 **Dreirad**		**9** »Alle Neune« **Kegelbahn**	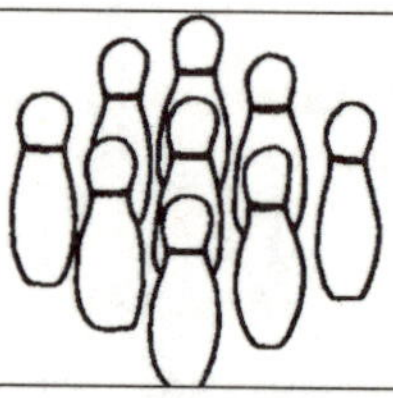
4 Vierblättriges **Kleeblatt**		**10** **Zehnmark- schein**	
5 Fünf Finger einer **Hand**		**11** **Fußballelf**	
6 Sechs Punkte auf **Würfel**		**12** Zwölf Uhr **Standuhr**	

Testen Sie auch diese Methode gleich in dem nun folgenden praktischen Beispiel. Auf der linken Seite finden Sie einige Informationen. Stellen Sie sich die Assoziationen auf der rechten Seite bildhaft vor.

Information	Bildhafte Assoziation	Vorstellungsbild
1. Post durchsehen	Formel-Eins-Rennwagen fährt gegen einen Briefkasten.	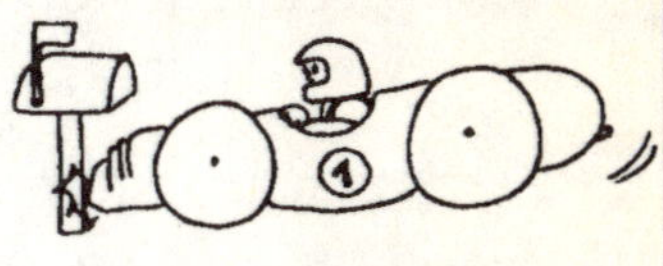
2. Fernseher vom Hotel holen	Zwillinge tragen TV-Gerät aus dem Hotel.	
3. Herrn Hase anrufen	Ein Hase mit Handy fährt Dreirad.	
4. Flugticket bei der Kosten-stelle ein-reichen	Das Kleeblatt wird als Glücks-bringer auf das Flugticket geklebt.	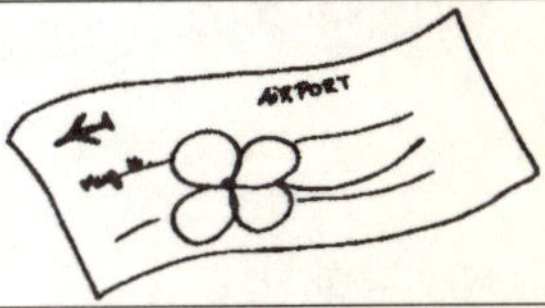
5. Klarsichthül-len bei der Firma Sanden einkaufen	Mit der Hand greifen Sie in die Klarsichthülle, in der sich Sand befindet.	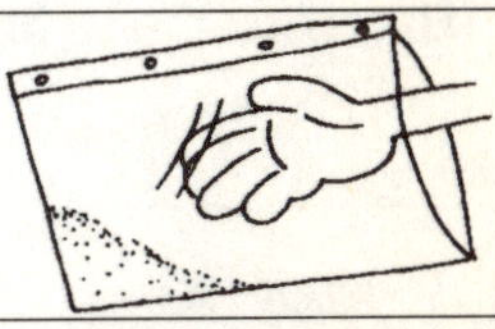
6. Overhead-projektor muß zur Reparatur	Sie würfeln auf einem Over-headprojektor, der dann kaputtgeht.	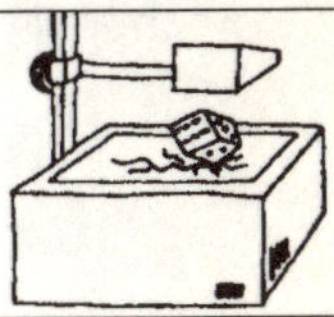

➠

Information	Bildhafte Assoziation	Vorstellungsbild
7. Videobänder zurückgeben	Sieben Zwerge tragen Videobänder.	
8. Bericht für Kunden fertigstellen	Auf der Achterbahn fährt Kunde mit Bericht, der im Wind flattert.	
9. Einem Freund zum Geburtstag gratulieren	Sie kegeln mit dem Freund, und auf der Kegelbahn liegt eine Geburtstagstorte.	
10. Bahnfahrkarte kaufen	Zug mit Zehnmarkscheinen fährt vorbei.	
11. Blumen für Ehepartner kaufen	Die Fußballelf läuft mit Blumen über das Spielfeld.	
12. Angebot für Lautsprecher einholen	Ticken der Standuhr wird durch Lautsprecher verstärkt.	

Für die erste Übung reichen 12 Informationen. In der Praxis sind es meist weniger als 12 Informationen, die wir uns auf einmal merken müssen.

Wenn Sie jetzt die Assoziationen auf der rechten Seite bildhaft gesehen haben, dürften diese auch eingeprägt sein. Auf der nächsten Seite können Sie kontrollieren, ob es auch funktioniert hat.

In der Praxis würden Sie dies tun, wenn Sie wieder am Arbeitsplatz angekommen sind: Jetzt werden die Schubladen alle auf einmal geleert, um für die nächste Übung frei zu sein. Die Informationen kommen dann in den Tagesplan, die Aktivitätenliste oder den Terminkalender.

Viel Erfolg!

Kontrolle der gelernten Informationen:

Auslöser	Information	Auslöser	Information
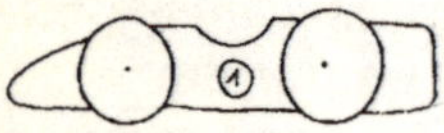			
		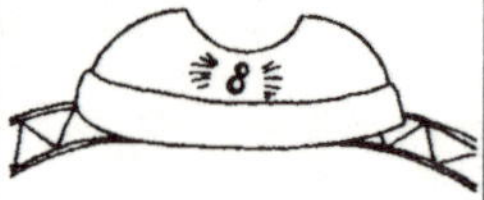	

Na, wie hat es geklappt? An wie viele der 12 Informationen konnten Sie sich erinnern? Wenn es gut geklappt hat, können Sie ruhig stolz auf Ihre Leistung sein. Falls Sie noch nicht so zufrieden sind, sollten Sie sich die Bilder besser einprägen und es dann noch einmal versuchen.

4.6 Leeren der Schubladen

Wenn Sie die Schubladenmethode mehrmals hintereinander anwenden, kann es am Anfang vorkommen, daß Ihnen die Vorstellungsbilder der früheren Durchgänge auch später wieder einfallen. Dieses Phänomen ist normal und verschwindet nach einiger Zeit.

Verwenden Sie die Schubladenmethode nur als Kurzzeitspeicher. Das bedeutet, daß Sie sich die Informationen, die Sie sich merken wollen, *einmal* einprägen und dann auch wieder *nur einmal* abrufen. Mehrmaliges Wiederholen, nachdem Sie die Informationen bereits einmal abgerufen haben, ist hier nicht angebracht, da sich sonst die 1-bis-12-Auslöser mit den Informationen dauerhaft verbinden würden.

Wenn Sie also demnächst die 1-bis-12-Auslöser verwenden, kann es vorkommen, daß die Bilder aus der letzten Übung Ihnen zunächst wieder in den Sinn kommen. Die neuen Vorstellungsbilder werden allerdings die alten schließlich überlagern. Je öfter Sie diese Methode verwenden, um so besser können Sie damit umgehen.

4.7 Noch mehr Speicherplätze

Sollten Ihnen einmal die 12 Auslöser nicht ausreichen, so können Sie dieses System beliebig erweitern. Die weiteren Auslöser sind nur notwendig, wenn Ihnen die Speicherplätze bis 12 nicht genügen. Sollten die Auslöser bereits ausreichen, so können Sie dieses Kapitel überspringen und mit dem nächsten weitermachen.

Die Auslöser sind nur Vorschläge. Wenn Ihnen zum Beispiel bei 14 spontan etwas anderes einfällt, so nehmen Sie ruhig dies als Auslöser. Wichtig ist nur, daß es immer ein und dasselbe Bild ist und daß Sie es sich gut vorstellen können. Es muß ein Bild sein, damit Sie dieses Bild später mit anderen Vorstellungsbildern geistig verbinden können.

Zahl	Eselsbrücke	Auslöser
13 Dreizehn	Freitag, der Dreizehnte	Schwarze Katze
14 Vierzehn	Der 14. 2. ist Valentinstag	Schokoladenherz

Zahl	Eselsbrücke	Auslöser
15 Fünfzehn	Fünfzehntes Jahrhundert	Ritter
16 Sechzehn	Sweet Sixteen	Jugendliche
17 Siebzehn	Siebzehn und Vier	Kartenspiel
18 Achtzehn	Achtzehn Karat Gold	Goldbarren
19 Neunzehn	Neunzehntes Loch beim Golf	Golfspiel
20 Zwanzig	Zwanzig Zigaretten in einer Schachtel	Zigaretten

Wenn Ihnen dies immer noch nicht genügt, so finden Sie im Kapitel »Merkkarte« noch einmal über 100 Auslöser.

4.8 Sich Autonummern merken

Ein Teilnehmer aus Erlangen machte sich nach dem Seminar den Spaß und merkte sich als tägliches Training immer die Kennzeichen der neben ihm parkenden Autos. Er freute sich dann jedesmal, wenn er nach einiger Zeit wieder am Auto ankam und die Nummern noch richtig im Kopf hatte. Eines Tages kam er zu seinem Auto zurück und mußte leider feststellen, daß er eine rote Schramme an der Autotür hatte. Er konnte sich noch daran erinnern, daß vorher ein rotes Auto neben seinem gestanden hatte.

Er ging zur Polizei und berichtete den Vorfall. Auf die Frage des erstaunten Polizeibeamten, woher er denn die Nummer wisse, wenn er den Wagen nicht hatte wegfahren sehen, sagte der Herr: »Na, so etwas merkt man sich doch!«

Sie werden es kaum glauben, aber die Polizei fand den Fahrer, und dieser hatte wirklich Fahrerflucht begangen. Zwei Jahre später saß die Tochter des »Gedächtniskünstlers« bei mir im Seminar und erzählte ganz begeistert diese Geschichte. Dies war der Grund, warum sie sich angemeldet hatte.

Heute merke auch ich mir die Kennzeichen der benachbarten Autos, wenn die Parkplätze sehr klein sind und jemand beim Wegfahren oder Öffnen der Tür mein Auto zerkratzen könnte. Auch wenn nichts passiert, ist es zumindest ein Training für mein Gedächtnis.

Die Vorgehensweise ist ganz einfach. Wenn ich in Frankfurt bin und ein Frankfurter Auto neben mir parkt, brauche ich mir das F für Frankfurt nicht zu merken. Das ist dann sowieso klar. Wenn ein Auto aus München da steht, denke ich kurz an München, bei N denke ich an Nürnberg usw. Sollte ich das Kürzel für die Stadt nicht kennen, so baue ich mir eine Eselsbrücke. Nehmen wir das Beispiel aus dem Eingangstest. Die Autonummer fing mit MYK-OR an. Entweder denke ich an den Kreis Mayen/Koblenz, oder ich baue mir eine Eselsbrücke. Eine Mücke ist im Ohr, kurz: Mykor! Gehört natürlich auch wieder Phantasie dazu. Gestern stand ein Jeep neben mir mit dem Kennzeichen BIR-T. Was fällt Ihnen dazu als Eselsbrücke ein? Ein englischer Vogel: bird. Oder eine BIRne mit Tee? Egal was Sie sich dazu vorstellen, es soll Ihnen helfen, sich an Autonummern zu erinnern. Wie Sie sich die Zahlen dazu merken, können Sie in dem Kapitel über Zahlen nachlesen.

4.9 Raumauslöser – die Loci-Methode

Bei der Raumauslösermethode verwenden Sie Ihnen bereits bekannte Speicherplätze, um neue Informationen dranzuhängen. Diese Methode ist wirklich ganz einfach.

Zur Demonstration hier ein praktisches Beispiel:

Vielleicht möchten Sie ab und zu in einer lustigen Runde auch mal einen Witz erzählen. Sind Sie der Meinung, daß Sie sich keine Witze merken können? Das liegt meist an der Technik, *wie* Sie sich die Witze merken.

Wenn Sie dies ändern möchten, können Sie folgendes Experiment einmal ausprobieren: Speichern Sie Ihre Witze ab sofort bildhaft zusammen mit dem Bild Ihres Wohnzimmers ab.

So sehen Sie zum Beispiel im Geiste auf Ihrem Wohnzimmertisch ein Puzzle liegen. Dieses Puzzle könnte Sie ab sofort an folgenden Witz erinnern: *Ein Ostfriese erzählt einem Freund ganz stolz, daß er ein Puzzle nach zwei Jahren fertiggestellt habe. Worauf dieser meint, daß zwei Jahre eine lange Zeit seien für ein Puzzle. Da erwidert der Ostfriese: »Von wegen lange Zeit – auf der Schachtel steht 4 bis 6 Jahre.«*

Noch ein Beispiel: *Ein Touristenschiff versinkt auf dem Nil. Zwei Touristen schwimmen in Richtung Ufer. Vom Ufer schwimmen zwei Krokodile in Richtung Touristen. Da sagt der eine Tourist zum anderen: »Typisch dritte Welt – nichts zu essen, aber Rettungsboote von Lacoste!«*

Diesen Witz können Sie sich merken, indem Sie sich beispielsweise ein Krokodil auf Ihrer Heizung im Wohnzimmer vorstellen.

Zur Übung ein weiterer Witz: *Zwei Männer haben Streit. Plötzlich liegt der eine am Boden: »Was war denn das?« Der andere: »Das war Japanisch – Judo!« Plötzlich liegt der andere am Boden. Der erste: »Das war auch Japanisch – der Wagenheber von Toyota!«* Sollte Ihnen auch dieser gefallen haben, können Sie sich zum Beispiel den Wagenheber unter einem Tischbein vorstellen.

Fassen wir noch einmal zusammen: Schauen Sie in Gedanken einmal auf folgende Gegenstände in Ihrem Wohnzimmer: auf den Tisch, zum Tischbein und auf die Heizung. Die Auslöser für die Witze sollten Ihnen jetzt wieder eingefallen sein. So einfach kann es sein, sich Witze zu merken.

Sie können diese Methode natürlich auf andere Zimmer und andere Themen erweitern. Am besten bringen Sie eine Struktur in diese Methode. Wie das funktioniert, können wir auch an einem Beispiel ausprobieren. Beim Eingangstest sollten Sie sich 15 Gegenstände merken. An wie viele konnten Sie sich noch erinnern? Mit der LOCI-Methode hätten Sie wahrscheinlich 14 oder 15 geschafft. Klingt unglaublich, ist aber ganz leicht.

Auf der rechten Seite sehen Sie eine Skizze meines Wohnzimmers. Im einzelnen sind es:

1. Die Zimmertür
2. Eine Palme
3. Eine Vitrine
4. Ein Fernsehgerät
5. Ein CD-Ständer
6. Eine Balkontür mit Vorhang
7. Ein Korbsessel
8. Ein Couchtisch
9. Eine Couch
10. Eine Lampe

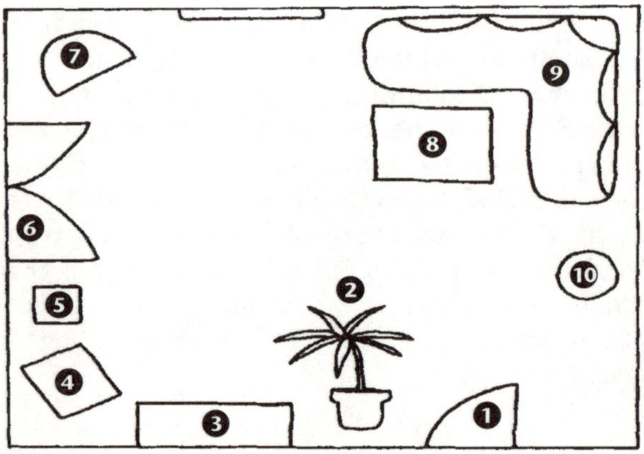

Sie brauchen sich diese Gegenstände nicht zu merken, wir nehmen sie nur zur Übung.

Später werden Sie Ihr eigenes Wohnzimmer verwenden. Damit Sie sehen, wie einfach und wirkungsvoll diese Methode ist, probieren wir sie gemeinsam mit den ersten zehn Gegenständen der Einkaufsliste und den Auslösern aus. Lesen Sie einfach alles durch, und stellen Sie sich die Gegenstände bildhaft vor. Denken Sie nicht viel darüber nach, sondern sehen Sie es einfach. Lesen Sie immer weiter, auch wenn Sie daran zweifeln, ob Sie sich das alles gemerkt haben.

Als erstes stand »Küchenrolle« auf der Einkaufsliste. Wir verbinden jetzt den Gegenstand Nummer 1 (Eingangstür) mit der Küchenrolle. Die Tür ist ganz schmutzig und muß mit einer Küchenrolle abgewischt werden. Stellen Sie sich vor, wie Sie mit der Küchenrolle die Tür reinigen.

Als nächsten Gegenstand finden wir die Palme im Wohnzimmer, diese verbinden wir mit dem zweiten Gegenstand der Einkaufsliste (Salz). Sie düngen die Palme mit ganz viel Salz. Stellen Sie sich dies lebhaft vor. Als nächstes sehen Sie eine Vitrine, und diese ist voller Milch. Da scheint eine Milchflasche ausgelaufen zu sein. Auch innen ist alles voll mit Milch. Der Fernseher ist ganz verklebt mit Marmelade, so daß Sie das Bild kaum sehen können. Die Marmelade läuft von oben am Bildschirm runter.

Im CD-Ständer sind nicht CDs, sondern Kartoffeln in Scheiben geschnitten. Da, wo sonst die CDs stecken, ist alles voll mit Kartoffelscheiben. Jetzt wollen Sie aus der Balkontür schauen, und da sehen Sie an der Scheibe und am Vorhang lauter Nudeln hängen. Alles ist voller Nudeln. Lange, kleine, große, alle Sorten. Ihr Blick geht weiter zum Korbsessel. Sie wollen sich eigentlich gerne ausruhen und in den Sessel setzen, da stellen Sie fest, daß eine dicke Gurke mitten im Sessel liegt. Die Gurke ist so groß, daß Sie sie fast nicht rausheben können.

Jetzt schauen Sie auf den Couchtisch und stellen mit Entsetzen fest, daß der Tisch ganz staubig ist. Nein, es ist kein Staub, es ist Mehl. Der ganze Tisch ist voller Mehl. So eine Sauerei, denken Sie sich. Sie setzen sich auf die Couch und wollen einen Joghurt essen. Genüßlich lehnen Sie sich zurück und löffeln den Joghurt, da fällt Ihr Blick auf die Lampe, die seltsamerweise mit Kerzenlicht brennt. Heute also kein Strom, sondern Kerzen.

Schauen wir mal, ob das funktioniert hat. Schreiben Sie die Gegenstände der Einkaufsliste neben die Wohnungsauslöser. Eine entsprechende Tabelle finden Sie auf der nächsten Seite.

Wohnungsauslöser	Gegenstand aus der Einkaufsliste
Zimmertür	
Palme	
Vitrine	
Fernsehgerät	
CD-Ständer	
Balkontür mit Vorhang	
Korbsessel	
Couchtisch	
Couch	
Lampe	

Na, wie hat es geklappt? Wenn Sie sich die Bilder im Geist genau vorgestellt haben, müßte es auch gut funktioniert haben. Falls nicht, sollten Sie sich die Bilder noch einmal genauer einprägen.

Falls es gut geklappt hat, können Sie sich jetzt darüber freuen und Ihr Wohnzimmer und/oder noch andere Zimmer zu festen Auslösern machen.

Zeichnen Sie Ihr Wohnzimmer auf, numerieren Sie die Gegenstände im Uhrzeigersinn, und Sie haben immer genügend Auslöser zur Verfügung.

Ihre Einrichtungsgegenstände	Ihr Wohnzimmer gezeichnet
1.	
2.	
3.	
4.	
5.	
6.	
7.	
8.	
9.	
10.	

Falls dies noch nicht genügend Auslöser sind, können Sie noch beliebig viele andere Zimmer hinzunehmen.

Teil 5:

Wie die Gedanken das Gedächtnis beeinflussen

»Am Anfang war das Wort«, heißt es in der Bibel. Eigentlich müßte es heißen: Am Anfang war der Gedanke. Bevor Sie etwas tun, führen Sie dies in Gedanken durch. Dies muß nicht unmittelbar davor geschehen. Meist geschieht es auch unbewußt.

Ich höre immer wieder Teilnehmer im Gedächtnistraining sagen: »Immer vergesse ich die Namen.« Wir sehen dies als einfache Feststellung. Es ist aber zugleich auch eine Beeinflussung des Unterbewußtseins. Wir programmieren uns, ohne es zu merken. Programmbefehl an das Unterbewußtsein: »Namen immer vergessen.« Obwohl der Befehl ausgeführt wird, sind wir nicht zufrieden, denn eigentlich wollten wir uns ja Namen merken.

»Reicht es denn, wenn ich mir einrede, daß ich mir Namen merken kann?« Leider nicht ganz! Wichtig ist, daß Sie auch glauben, was Sie sich selbst sagen. Es nützt überhaupt nichts, wenn Sie sich sozusagen »einreden«, daß Sie etwas können, in Wirklichkeit aber nicht daran glauben.

Wichtig ist auch, daß wir das, was wir erreichen wollen, auch positiv formulieren. Das Unterbewußtsein kennt nämlich keine Verneinungen. Sagen Sie deshalb statt: »Ich will das ... nicht vergessen!« lieber: »Ich merke mir ...!«

Das positive Programmieren ist zwar noch nicht alles, aber bereits ein elementarer Schritt auf dem Weg zum besseren Gedächtnis. Bereits im Talmud steht:

Der Gedanke erschafft

- *Achte auf deine Gedanken, denn deine Gedanken werden zu Worten.*
- *Achte auf deine Worte, denn deine Worte werden zu Handlungen.*
- *Achte auf deine Handlungen, denn deine Handlungen werden zur Gewohnheit.*
- *Achte auf deine Gewohnheiten, denn deine Gewohnheiten werden zum Schicksal.*

Wenn wir uns diese Zeilen zu Herzen nehmen, bedeutet dies, daß wir mehr darauf achten werden, wie und womit wir uns täglich programmieren.

5.1 Mit dem Alter wird das Gedächtnis besser!?

Die meisten Menschen sind fest davon überzeugt, daß das Gedächtnis mit zunehmendem Alter immer schlechter wird. Untersuchen wir diese These einmal genauer. Mathematisch gilt eine These als widerlegt, sobald es nur ein einziges Gegenbeispiel, einen Gegenbeweis gibt. Die Teilnehmer in meinen Seminaren verbessern ihre Merkfähigkeit nachweislich um durchschnittlich 100 Prozent. Und dies geschieht, obwohl sie im Verlauf des Seminars älter geworden sind. Es handelt sich zwar nur um eine Alterung von ein oder zwei Tagen, aber die These ist somit grundsätzlich nicht mehr aufrechtzuerhalten.

Es stimmt, daß einige biologische Prozesse im Alter langsamer funktionieren. So sind zum Beispiel die Reaktionszeit, die Wahrnehmung und auch die Verarbeitungsgeschwindigkeit von neuen Informationen nicht mehr ganz so optimal wie in jungen Jahren, aber diesen Prozeß können Sie maßgeblich steuern.

Mit dem Gedächtnis verhält es sich genauso wie mit dem Körper. Wer sein Leben lang etwas für seinen Körper tut, der wird im Alter mit hoher Wahrscheinlichkeit fitter sein als jemand, der immer nur auf der faulen Haut liegt. Das ist uns allen klar. Mit den geistigen Muskeln verhält es sich nicht anders.

Beeindruckt war ich, als ich 1996 Johannes Heesters in Berlin auf der Bühne erleben durfte. Mit 92 Jahren spielte er die Hauptrolle eines Theaterstückes, das drei Stunden dauerte. Er kannte den ganzen Text auswendig, und das in diesem Alter. Die meisten Dreißigjährigen hätten ihre Schwierigkeiten damit gehabt. Seitdem ich ihn gesehen habe, bin ich felsenfest davon überzeugt, daß wir den geistigen Alterungsprozeß wesentlich stärker beeinflussen können, als uns bewußt ist.

Noch eine Sache fällt mir zum Thema Alter und Gedächtnis ein. Vor einiger Zeit sah ich im Fernsehen eine Umfrage unter Menschen, die über 100 Jahre alt geworden sind. Man fragte sie, welches das Patentrezept sei, um so alt und noch so fit zu sein. In einem Punkt antworteten alle gleich: »Eine positive Einstellung zum Leben!«

5.2 Vergangenheit – Gegenwart – Zukunft

Eine Untersuchung bei älteren Menschen hat eine ganz interessante Tatsache zum Vorschein gebracht: Oftmals können sich ältere Menschen sehr gut an frühere Erlebnisse erinnern, aber was vor einer Woche passierte, ist nicht mehr abrufbar. Wie kommt das?

Viele ältere Menschen erinnern sich gerne an frühere Zeiten und erzählen auch viel davon. Egal was man anspricht, das Thema wird immer auf die Vergangenheit gelenkt. Dadurch wird der Abruf dieser Zeiten aus dem Langzeitgedächtnis gut trainiert.

Ein Psychologe erklärte dazu, daß wir Menschen es gerne haben, wenn etwas passiert. Es muß etwas los sein im Leben, ansonsten wird es uns langweilig. Wenn wir also nicht dafür sorgen, daß wir noch genügend Erlebnisse haben, sehnen wir uns geistig nach den Zeiten, in denen diese persönlichen Erlebnisse noch stattgefunden haben. Damit trainieren wir unbewußt unser Langzeitgedächtnis, nicht aber das Kurzzeitgedächtnis. Das Ergebnis davon ist logisch. Wir können uns besser an frühere Begebenheiten erinnern, aber unsere Wahrnehmung und das Kurzzeitgedächtnis werden immer schlechter.

Vergangenheit → Gegenwart → Zukunft

Was man dagegen tun kann, liegt auf der Hand. Wir sollten stets dafür sorgen, daß wir immer genügend aufregende Sachen in unserem Alltag (Gegenwart) erleben, gelegentlich auch an frühere Erlebnisse (Vergangenheit) denken und auch immer ausreichend Ziele und Wünsche für die Zukunft haben. Wichtig ist, daß kein Ungleichgewicht besteht. Dann funktionieren unser Kurz- und auch unser Langzeitgedächtnis am besten.

5.3 Nobody is perfect

Oftmals höre ich auch, daß Kinder ein viel besseres Gedächtnis haben. Dies stimmt auch nur teilweise. In einem Urlaub baute ich mit Timo, dem Sohn von Freunden, eine Sandburg. Da lief in 50 Metern Entfernung sein Spielkamerad vorbei. Timo sagte zu mir, daß da sein Freund liefe, mit dem er in den vergangenen Tagen gespielt habe. Ich fragte ihn, wie denn sein Freund heiße. Er wußte den Namen nicht mehr. Ich wollte herausfinden, wieviel ihm der Junge bedeutete, und sagte: »Ja, aber du mußt doch den Namen deines Freundes wissen!« Er antwortete: »Ist doch nicht so wichtig, wie er heißt. Ich kann ihn doch wieder fragen! Jetzt laß uns weiter Burg bauen!« Und damit war das Thema für ihn erledigt. Was machen die Erwachsenen, wenn sie einmal einen Namen vergessen? Jahrelang erzählen sie von einem solchen unwichtigen Erlebnis. Kauen es immer und immer wieder durch. Dieses Verhalten ist üblich für Erwachsene, aber nicht sehr positiv für unser Gedächtnis.

Eine Seminarteilnehmerin arbeitete als Vorstandssekretärin einer großen Bank. Sie erreichte im Test das bestmögliche Ergebnis. Sie war sehr schnell und begriff alles außerordentlich gut. Der Grund, warum sie sich angemeldet hatte, war folgender: Ihr Chef erwartet von ihr Höchstleistungen, die sie auch fast immer vollbringt. Eines Tages vergaß sie in der Hektik seinen Kaffee. Er zog sie seitdem damit auf: »Aber nicht wieder den Kaffee vergessen!« Immer wieder schmierte er ihr diesen Fehler aufs Brot. Daß dieser Chef über Mitarbeitermotivation noch nicht viel gelernt hat, steht außer Frage. Es bewirkte aber bei der Sekretärin, daß sie ständig Angst hatte, etwas zu vergessen. Durch diese Angst passierten ihr dann auch wirklich kleinere Fehler. Dies hörte erst dann auf, als die Sekretärin ihre Angst abgelegt hatte und sich aus diesem »Spielchen« ihres Chefs nichts mehr machte. Seit diesem Tag ist ihr Gedächtnis wieder so gut wie vorher, sogar noch ein bißchen besser.

Diese Geschichte sagt uns, daß wir die Fehler nutzen sollten, um daraus zu lernen. Es bringt aber nichts, wenn wir immer wieder negative Erlebnisse aufkochen. Nachdem etwas nicht geklappt hat, sollten wir uns folgende zwei Fragen stellen:

- Was hat dazu geführt, daß es nicht optimal geklappt hat?
- Was kann ich das nächste Mal besser machen?

Ein ehemaliger Seminarteilnehmer faxte mir einen Witz, der hierzu gut paßt:

Ein Mann hatte gerade einen Kurs über Gedächtnistraining absolviert und war ganz versessen darauf, seine neu erworbenen Fähigkeiten unter Beweis zu stellen. Seine Frau bat ihn eines Tages darum, gleich nach der Arbeit in den Supermarkt einkaufen zu gehen. Mit stolzgeschwellter Brust stellte er sich vor seine Frau, las den Einkaufszettel mit 42 Artikeln nur ein einziges Mal durch und wiederholte alle 42 Dinge auswendig. Seine Frau war begeistert. Er zerriß den Zettel und ging zur Arbeit.

Als er abends zurückkam, fragte ihn seine Frau: »Wo sind die eingekauften Sachen?« Es verschlug ihm die Sprache. Er hatte die 42 Artikel zwar noch im Kopf, hatte aber völlig vergessen, zum Supermarkt zu fahren!

Teil 6:

Vokabeln spielerisch lernen

In diesem Kapitel geht es darum, wie Sie Vokabeln spielerisch lernen können. Zuerst beschäftigen wir uns mit der Lernkartei. Dies ist eine Lernmethode, die ich im Studium nicht nur für Vokabeln, sondern auch für komplexe Lernstoffe angewendet habe. Im nächsten Kapitel geht es dann um eine spezielle mnemotechnische Methode zum Lernen von Vokabeln.

6.1 Die Lernkartei

Eine Lernkartei besteht aus Karteikarten, die beidseitig beschriftet werden. Der Vorteil der Karten gegenüber normalen Blättern oder Buchseiten liegt darin, daß Sie große Lernmengen in kleine Happen unterteilen. 20 Vokabeln auf einer Buchseite werden zu 20 Karten. Somit wird der Lernstoff leichter verdaubar. Außerdem können Sie mit einer Lernkartei besser Ihre Fortschritte erkennen, und diese werden meßbar. Das Lernen macht mehr Spaß und geht außerdem im Endeffekt noch schneller, auch wenn das Schreiben der Karten zuerst einmal mit Arbeit verbunden ist.

Grundsätzliches:

Besonders abstrakte Informationen wie Zahlen, Namen und Vokabeln lassen sich oft schwer einprägen. Wiederholungen führen hier meistens schneller zum Ziel. Am sinnvollsten sind Wiederholungen in immer größer werdenden Abständen (1., 3., 7., 14., 28. Tag). Dieses Prinzip kommt beim Umgang mit der Lernkartei automatisch zur Anwendung.

Motivation:

Die Motivation als Hauptantrieb für das Lernen kann durch Lob und Erfolg besonders gut verstärkt werden. Jede Karte, die gewußt wurde und in das nächste Fach kommt, ist eine »Erfolgskarte«. Das Lob, das man sich hier automatisch selbst gibt, lautet: »Toll, immer noch gewußt!« Natürlich sollte man sich nicht ärgern, wenn man eine Karte aus dem ersten Fach nicht weitertransportieren kann oder wenn eine Karte ins erste Fach zurückgestellt werden muß.

Das Lernen sollte ohne Verkrampfung und Ärger erfolgen und Spaß machen. Die Lernportionen sollten angemessen klein sein, so daß die motivationshemmende Abschreckung entfällt. Nach der Bewältigung einer Lerneinheit sollte unbedingt eine Pause gemacht werden, in der man sich zusätzlich belohnen kann.

Beschriften der Karten:

Hier gilt eine ganz einfache und logische Grundregel: die Frage auf die Vorderseite und die Antwort auf die Rückseite. Beim Lernen von Vokabeln wird somit die Vokabel auf die Vorderseite und die Übersetzung auf die Rückseite geschrieben. Bei komplexeren Lernstoffen wird man durch die Größe der Karteikarten automatisch dazu gebracht, den Lernstoff in überschaubare Portionen einzuteilen.

Bau der Lernkartei:

Nehmen Sie eine Schachtel aus Pappe oder einen Karteikasten mit den Maßen 30 cm lang, 11 cm breit und 5 cm hoch. In diese Schachtel fügen Sie 4 Trennwände ein. Sie teilen damit den Kasten in fünf Fächer auf, wobei das erste Fach 1 cm tief, das zweite Fach 2 cm tief, das dritte 5 cm, das vierte 8 cm und das fünfte Fach 14 cm tief ist. Diese ungewöhnliche Aufteilung ist unbedingt notwendig, da die Wiederholungszeiten von der Tiefe der Fächer abhängen. Die empfohlene Größe der Karteikarten ist das Format DIN A7. Die Einteilung der Fächer macht nur Sinn, wenn Sie täglich ca. 30 Karten lernen. Ist Ihre Lernmenge kleiner, so wählen Sie auch kleinere Fächer, damit die Wiederholungen rechtzeitig erfolgen.

Die Arbeit mit der Lernkartei:

Versuche mit der Lernkartei haben gezeigt, daß für das tägliche Lernen ca. 30 Karten ein optimales Maß darstellen. Zu Beginn nehmen Sie die 30 Karten in die Hand und schauen sich kurz die Fragen und Antworten an, ohne viel Zeit zu verlieren. Danach gehen Sie die Karten erneut durch und überprüfen, welche Antworten Ihnen innerhalb von 2 Sekunden einfallen. Diese Karten kommen in das erste Fach. Der Stapel in Ihrer Hand wird kleiner. Die Karten, deren Antwort Sie noch nicht wußten, prägen Sie sich erneut ein und stecken Sie in dem Stapel, den Sie in der Hand halten, nach hinten. Sie gehen die Karten immer und immer wieder durch. Es wird nicht lange überlegt, sondern innerhalb von 2 Sekunden entschieden, ob die Karte in das erste Fach wandert oder in dem Stapel in Ihrer Hand nach hinten gesteckt wird. Nach und nach haben Sie immer weniger Karten in der Hand, bis am Ende nur noch eine Karte übrig bleibt, die Sie dann auch in das erste Fach stecken können. Sie haben für diesen Tag alle Karten gelernt.

Am nächsten Tag werden nun die Karten des ersten Faches herausgezogen, um zu überprüfen, ob Sie den Lernstoff noch wissen. »Gewußt« gibt das Signal, die jeweilige Karteikarte in das zweite Fach zu stellen. »Nicht gewußt« bedeutet, daß die Karte neu gelernt werden muß. Das erste Fach wird immer dann mit neuen Karten aufgefüllt, wenn dort Platz ist.

Das Signal für die Wiederholung der Karten aus den Fächern zwei bis fünf ergibt sich immer dann, wenn ein Fach gefüllt ist. Jetzt versucht man, jeweils die ältesten Karten im Fach (ca. 30 Karten) erfolgreich in das nächste Fach zu bringen. Karten, die man nicht gewußt hat, kommen in das allererste Fach. Gewußte wandern beim Fach fünf ganz heraus. Jetzt ist wieder Platz für die Karten, die aus dem vorderen Fach nachkommen.

Das Wiederholen der Karten dauert übrigens nicht lange, weil Sie auch hier wieder innerhalb von 2 Sekunden entscheiden, ob die Karte ins nächste Fach wandert.

Die Hosentaschen-Kartei:

Der Bau eines Karteikastens rentiert sich erst ab einer gewissen Lernmenge. Bei kleineren Mengen kommen Sie ohne Kasten aus.

Ein Seminarteilnehmer hat zum Beispiel alle neuen technischen Vokabeln auf solche Karteikarten aufgeschrieben und diese immer in seinem Aktenkoffer mitgenommen. Wenn er einmal eine Leerzeit hatte (im Stau oder im Zug), wiederholte er die Karten ganz schnell. Nach ein paar Wiederholungen konnte er alle Karten auswendig.

Eine Sekretärin hat die wichtigsten Telefonnummern mit dieser Methode gelernt und damit ihre Kollegen verblüfft.

Das außergewöhnlichste Beispiel war der Personalchef einer Firma mit 460 Angestellten. Er hatte die Fotos seiner Mitarbeiter auf solche Karteikarten geklebt und die Namen auf die Rückseite notiert. Er wußte innerhalb von kurzer Zeit alle Namen. Die Mitarbeiter staunten nicht schlecht.

6.2 Die Mnemo-Methode

Für viele Menschen ist es ein Greuel, Vokabeln zu pauken. Wahrscheinlich liegt es daran, daß wir in der Schule nicht gelernt haben, wie wir uns diese Wörter mit Leichtigkeit und Spaß einprägen. Dank der Mnemotechnik geht es ganz einfach und schnell, so daß Seminarteilnehmer an einem Wochenende bis zu 1.000 Vokabeln gelernt haben. Sie staunen jetzt wahrscheinlich, aber mit der richtigen Methode ist es möglich.

Sollten Sie an einem Wochenende viele Vokabeln lernen, so ist natürlich auch wichtig, daß Sie sie rechtzeitig wiederholen. Dafür bietet sich Lesestoff in der fremden Sprache an. Verwenden Sie für den Anfang einfache Literatur: Lehrbücher, Kinderbücher oder auch Comics. Verbieten Sie Ihren Kindern nicht, Comics zu lesen, sondern kaufen Sie lieber die beliebtesten Comics in der Sprache, die das Kind gerade lernt. Verbinden Sie das Lernen mit Spaß, und es wird leichter gehen.

Die Mnemo-Methode ist eine der schnellsten, um in einer fremden Sprache lesen zu lernen. Das Sprechen der fremden Sprache sollten Sie dann am besten mit Kassetten, aber auch bei Auslandsaufenthalten trainieren.

Die mnemotechnische Methode zum Einprägen der Vokabeln ist ganz einfach. Wir lesen das fremde Wort und können dies als Auslöser verwenden. Jetzt brauchen wir nur noch eine Eselsbrücke, um auf das deutsche Wort zu kommen. Wenn wir das Wort öfter wiederholt haben, wird die Eselsbrücke unnötig und fällt weg.

Probieren wir es einfach einmal aus. Wir nehmen die italienischen Vokabeln aus dem Eingangstest. Zuerst lesen wir das Wort »oro«. Jetzt fragen wir uns, welches deutsche Wort so ähnlich klingt wie »oro«. Da fällt uns vielleicht ein Ohr ein. Oder man kommt auf Ohropax. Das ist sehr gut als Eselsbrücke. Wir verbinden jetzt die Eselsbrücke mit dem richtigen deutschen Wort für »oro« – »Gold«. Wir stellen uns ein goldenes Ohr vor. Oder wir sehen Ohropax aus purem Gold. Können Sie sich das vorstellen? Klingt schon etwas verrückt, aber nach einem kleinen Training wird es ganz einfach und auch immer schneller gehen.

Nehmen wir das nächste Wort. »Carta« – »Papier«. Ja, das ist ganz einfach.

Eine Karte ist aus Papier. Wichtig ist wieder, daß Sie das nicht nur sagen, sondern es sich auch geistig als Bild vorstellen. Denken Sie an eine ganz dünne Karte!

Kommen wir zum nächsten. »Camicia« – »Hemd«. Da wird es schon wieder etwas schwieriger. Ein Kamikazeflieger hat ein ganz zerrissenes Hemd. Gefällt Ihnen das als Eselsbrücke? Wenn Sie eine andere Idee haben, so nehmen Sie Ihre. Hauptsache, Sie haben eine Verbindung zu dem deutschen Wort. Es ginge auch ein Kamin, in dem ein Hemd verbrennt.

Sind Sie noch dabei, oder ist Ihnen das alles viel zu verrückt? Überprüfen wir mal die ersten drei Wörter. Wissen Sie noch, was oro bedeutet? Carta? Camicia? Genau das, was mit drei Vokabeln funktioniert hat, wird auch mit mehreren funktionieren. Spielen Sie doch einfach mal mit, und später können wir dann sehen, ob es funktioniert hat.

Das Wort »tavolo« heißt auf deutsch »Tisch«. Die Eselsbrücke liegt auf der Hand. Haben Sie schon eine Idee? Nehmen Sie sie. Falls Ihnen nichts eingefallen ist, können wir uns eine gedeckte Tafel vorstellen.

»Coltello« heißt auf deutsch »Messer«. Überlegen Sie zuerst einmal selbst. Wir können uns jemand vorstellen, der in der einen Hand einen Colt hat und in der anderen ein Messer. Oder Othello hat ein Messer in seiner Hand.

Als nächstes haben wir das Wort »pantalone«, das auf deutsch »Hose« heißt. Fällt Ihnen spontan etwas ein? Überlegen Sie erst einmal, bevor Sie weiterlesen. Was klingt so ähnlich wie Pantalone? Wir können zum Beispiel einen Panther nehmen, der eine Hose anzieht.

»Lavoro« heißt übersetzt »Arbeit«. Bauen Sie eine Eselsbrücke! Lösen Sie sich ruhig etwas vom Wort und suchen Sie nach deutschen Begriffen, die ähnlich klingen wie »lavoro«. Sie können das Wort auch unterteilen und nur den ersten Teil nehmen. So kommen Sie möglicherweise auf Lava. In der Lava sehen wir dann viele Arbeiter. Die Lava bereitet Arbeit. Wir haben die Eselsbrücke von lavoro zu Arbeit.

Und als nächstes nehmen wir das Wort »legno«, »Holz«. Spontan fällt einem vielleicht das Spielzeug Lego ein, welches in unserer Vorstellung jetzt nicht aus Plastik, sondern aus Holz gefertigt ist. Legno – Lego – Holz.

Kommen wir zur Kontrolle der gelernten Vokabeln. Schreiben Sie einfach die deutschen Übersetzungen in die vorgesehenen Felder:

Vokabel	Übersetzung	Vokabel	Übersetzung
legno		pantalone	
lavoro		coltello	
carta		oro	
camicia		tavolo	

Und, wie hat es geklappt? Wenn Sie sich die Eselsbrücken richtig bildhaft vorgestellt haben, hat es wahrscheinlich besser geklappt, als Sie vermutet haben. Wenn es noch nicht so gut funktioniert hat, sollten Sie sich die Eselsbrücken noch einmal anschauen.

Haben Sie Lust auf mehr bekommen? Falls ja, können Sie als nächsten Schritt die Eselsbrücken selbst erstellen. Gehen Sie ganz langsam vor, und stellen Sie sich zu jeder Vokabel eine Eselsbrücke vor.

Damit Sie die Vorgehensweise noch einmal sehen, habe ich die Beispiele von oben als Einstieg erneut mit abgebildet.

Vokabel	Eselsbrücke	Übersetzung
oro	Sie sehen ein goldenes Ohr. Goldene Ohropax	Gold
carta	Eine Karte aus Papier	Papier
camicia	Ein Kamikazeflieger mit zerrissenem Hemd	Hemd
tavolo	Eine gedeckte Tafel	Tisch
coltello	In der Hand einen Colt, in der anderen ein Messer	Messer
pantalone	Ein Panther mit Hose	Hose
lavoro	Lava, in der Arbeiter stehen	Arbeit
legno	Spielzeug Lego aus Holz	Holz

So, nach diesem Beispiel können Sie jetzt die nächsten Eselsbrücken bauen. Nehmen Sie sich für jede Vokabel kurz Zeit, und lassen Sie Ihrer Phantasie freien Lauf. Viel Erfolg!

Vokabel	Eselsbrücke einfügen	Übersetzung
burro		Butter
latte		Milch
treno		Zug
cielo		Himmel
dito		Finger
albero		Baum
libro		Buch
occhiali		Brille
regno		Königreich
inverno		Winter

Auf der nächsten Seite können Sie kontrollieren, wie gut es mit den Eselsbrücken funktioniert hat.

Vokabel	Ihre Eselsbrücke	Übersetzung
burro		
latte		
treno		
cielo		
dito		
albero		
libro		
occhiali		
regno		
inverno		

Diese Methode ist natürlich nicht die einzige, um eine fremde Sprache zu lernen, aber sie ist die schnellste, um sich Vokabeln einzuprägen. Wenn Sie diese Methode mit der Lernkartei und einem guten Sprachkurs oder einem Kassettenprogramm kombinieren, werden Sie in ganz kurzer Zeit eine Sprache lernen. Ihre Motivation ist natürlich Grundvoraussetzung.

Probieren Sie es doch einfach einmal vor Ihrem nächsten Urlaub aus. Mit mehreren Personen kommen Sie natürlich viel schneller auf gute Eselsbrücken, und das Lernen macht gemeinsam noch mehr Spaß.

Teil 7:

Sich Namen merken – kein Problem!

Sie lernen jemanden kennen, sagen sich gegenseitig den Namen, und kurz danach ist diese Information auch schon wieder weg. Als ob der Name eine Ehrenrunde im Kurzzeitgedächtnis gedreht und sich dann auf Nimmerwiedersehen verabschiedet hätte.

Eigenmotivation und Interesse sind die wichtigsten Voraussetzungen für ein gutes Namensgedächtnis.

Die meisten tun zu wenig aktiv dafür, um sich Namen auch einzuprägen. Sie hören den neuen Namen ein einziges Mal und haben dann die Erwartung, daß er von alleine eingeprägt sei. Wenn Sie jedoch aktiv etwas dafür tun, vergrößern Sie die Chance auf Erfolg. Hilfreich ist zum Beispiel das sofortige Wiederholen des fremden Namens. Meistens freut sich die andere Person, wenn sie bemerkt, daß Sie sich den Namen gemerkt haben.

Wollen Sie Namen über einen längeren Zeitraum behalten, dann ist das meistens nur durch Wiederholung möglich – der Name muß also wie eine neue Vokabel gelernt werden.

Beim Austausch von Visitenkarten ist oft zu sehen, daß Geschäftspartner sie schnell ohne einen Blick darauf einstecken. Sie können jedoch auch diese Zeit nutzen, um sich den Namen richtig einzuprägen. Sie können den Namen sogar geschrieben sehen. Ich habe noch niemanden getroffen, den das gestört hätte, und doch bleibt diese Möglichkeit oft ungenutzt. Die asiatischen Völker nutzen diese Gelegenheit meist besser. Keine Visitenkarte wird ungelesen verstaut.

Die Mnemotechnik kann hier eine Hilfe sein, den Namen schneller zu lernen. Nach einigen Übungen ist es möglich, Namen relativ schnell in bildhafte Vorstellungen umzusetzen. Das daraus entstandene Bild wird dann mit einem Auslöser verbunden. Der Auslöser sollte etwas sein, das Ihnen sofort ein- oder auffällt, wenn Sie diese Person treffen. Beim Einprägen empfiehlt es sich, in den folgenden Schritten vorzugehen:

1. Auslöser an der Person suchen (Was fällt mir sofort auf bzw. ein?)
2. Namen geistig bildhaft darstellen (An welches Bild erinnert mich der Name?)

3. Person bzw. Auslöser mit dem Namen verbinden (Mnemotechnische Verbindung!)
4. Namen richtig aussprechen (Wiederholen, damit sich der Name richtig einprägt!)

Um es konkreter darzustellen, folgen nun einige Beispiele:

Sie lernen eine Dame kennen, die »Müller« heißt. Jetzt haben Sie zwei Möglichkeiten: Entweder stellen Sie die neu kennengelernte Frau Müller geistig zu einem Herrn oder einer Frau Müller, die Sie bereits kennen, oder Sie verwenden die oben beschriebene Technik (siehe Zeichnung). Sie lernen jemanden kennen, der »Schneider« heißt. Sofort stellen Sie sich vor, wie er im Schneidersitz sitzt. Danach folgt noch die Wiederholung des Namens.

Es stellt sich eine Dame mit dem Namen »Schütz« vor. Auf den ersten Blick fällt Ihnen die große Halskette an der Dame auf. Selbst wenn Frau Schütz die Halskette am nächsten Tag nicht trüge, Sie würden wahrscheinlich wieder an die Halskette denken. Folgende mnemotechnischen Assoziationen sind möglich: Die Dame schützt sich mit der Halskette. An ihrer Halskette hängt ein Schütze (Sternzeichen). Die Dame hat ein Geschütz als Halskette. Nun sollten Sie den Namen noch einmal wiederholen, damit Ihnen kein Fehler unterläuft. Die Dame heißt richtig »Schütz«.

Es stellt sich Ihnen jemand vor mit dem Namen »Fabris«. Sie denken an eine Fabrik, und aus dem Schornstein kommt Rauch in Form eines S. Oder der Herr streicht die Fabrik mit Farbe, und zwar in S-Linien. Jetzt sollten Sie den Namen noch einmal wiederholen. Der Herr heißt richtig »Fabris«.

Immer wieder sehen Sie einen Herrn beim Angeln. Eines Tages lernen Sie ihn näher kennen, und er nennt seinen Namen. Er heißt »Schikowski«. Als Auslöser nehmen Sie seine Tätigkeit als Angler, weil Ihnen diese sowieso immer sofort wieder einfällt. Sie stellen sich folgendes vor: Er angelt einen Ski und »koft« sich einen zweiten. Somit heißt er »Schikowski«.

Frau Brikoder ißt Brie-Käse auf der Oder. Herr Manowski ist ein »Man of Ski«. Herr Schmidt ist ein Schmied, Frau Pankowitz erzählt einem Punker einen Witz, und der Herr Paraskewogloubos fliegt Paraski. Wo? Auf dem Globus. »Paraski-Wo-Globus«. Den Namen richtig zu wiederholen, ist auch hier wichtig.

An diesen Beispielen haben Sie gesehen, daß auch hier wieder Phantasie dazugehört. Diese Phantasie können Sie täglich trainieren. Sie können sich z. B. zu zweit in ein Restaurant setzen und den anderen Gästen Phantasienamen geben.

Es folgen nun einige Beispiele aus dem Eingangstest, an denen Sie Ihr Namensgedächtnis trainieren können. Wir betrachten uns das Gesicht, suchen Auslöser und bauen dann eine Eselsbrücke zum Namen.

Auffällig sind seine Krawatte, Brille und sein Lächeln (Auslöser).
Herr Chormann ist der Leiter eines Chors, dem er lächelnd zuschaut. Mit seiner Krawatte sorgt er für Ordnung im Chor. Außerdem ist er ein Mann. Deshalb heißt er **Chormann.**

Zuerst fällt das zufriedene Lächeln und die gefönte Frisur auf (Auslöser).
Frau Zinsmeister lächelt zufrieden, weil sie ein Meister der Zinsen ist. Durch die vielen Zinsen kann sie sich eine Fönfrisur vom Friseur gönnen.

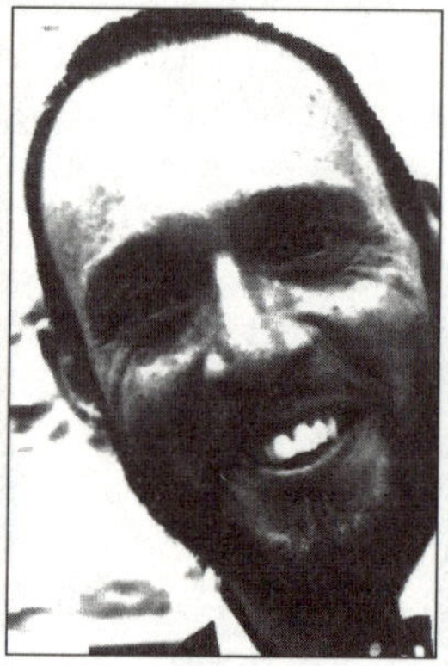

Herr Burg fällt durch seinen Bart und seine schiefe Kopfhaltung auf (Auslöser).
Die Kopfhaltung erinnert an den Schiefen Turm von Pisa. Der Turm einer Burg. Und zwar seiner Burg. **Herr Burg.** Außerdem fangen Bart und Burg beide mit »B« an.

Bei dieser jungen Frau ist der Pony auffällig. Die Haare sehen aus wie kleine Hörner von einem Bock. Sie heißt ja auch **Frau Bock**.

Dieser Herr stellt sich extra für das Bild in Pose hin. Auffällig sind sein verschmitztes Lächeln und seine kleine Brille.
Herr Possin stellt sich für dieses Bild mit Brille in Pose hin. Er heißt richtig **Possin.**

An **Herrn Schiemann** fallen sein offenes Hemd und das offene Lächeln auf. Er fährt mit offenem Hemd Ski und lächelt noch dabei. Das ist ein Mann. Der **Herr Schiemann.**

Diese junge Frau hat eine hochgesteckte Frisur, bei der die Haare etwas durcheinander liegen.
Durch das scharfe Wetter kamen die Haare von **Frau Scharfetter** durcheinander.

Hier fällt auf, daß die Dame etwas älter ist als die anderen und daß sie eine schöne Frisur hat (Auslöser).
Frau Lange achtet auf ihre Haare, damit diese lange halten. Außerdem lebt sie schon länger. **Frau Lange.**

Jetzt können Sie überprüfen, ob es funktioniert hat. Schreiben Sie die Namen unter die Gesichter. Vergleichen Sie Ihr Ergebnis mit dem des Eingangstestes.

Herr ________ Frau ________ Herr ________ Frau ________

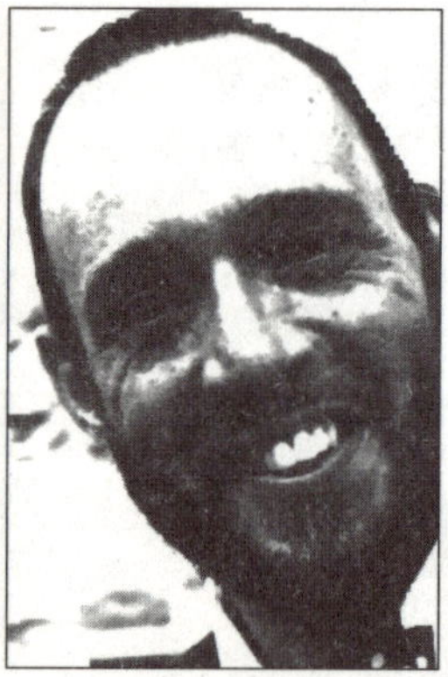

Herr ________ Herr ________ Frau ________ Frau ________

Und, wie hat es geklappt? Wenn es gut funktioniert hat, können Sie sich freuen. Falls Sie noch nicht zufrieden sind, sollten Sie überprüfen, welchen Schritt Sie nicht optimal ausgeführt haben. Manchmal wird vergessen, den Namen noch einmal in der richtigen Form zu wiederholen, was dazu führt, daß einem die Eselsbrücke noch einfällt, der Name aber nicht mehr richtig abgerufen werden kann.

Das Training hier ist schwieriger als die tägliche Praxis, weil wir nur schwarzweiße Gesichter als Auslöser zur Verfügung haben und nicht die ganze Person.

Jetzt können Sie sich weiter darin trainieren, Gesichter mit Namen zu verbinden. Lassen Sie Ihrer Phantasie freien Lauf. Viel Erfolg!

Herr Clausen

Herr Bernhard

Frau Holzhausen

Frau Kürsteiner

Frau Kerner

Herr Bilke

Frau Schwarz

Herr Deflin

Überprüfen Sie, ob die Methode funktioniert hat.

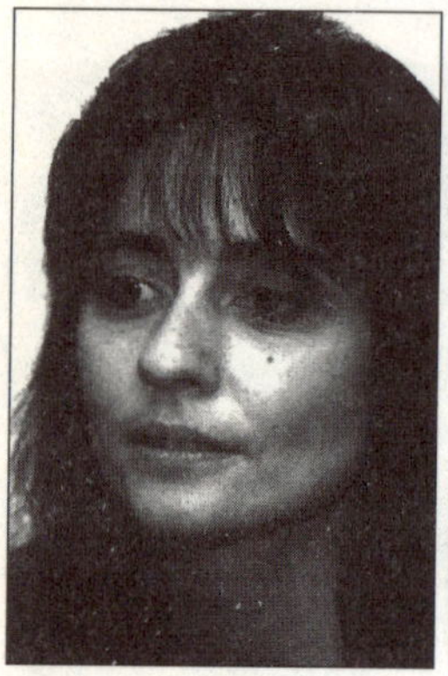

Frau __________

Herr __________

Frau __________

Herr __________

Frau __________

Herr __________

Frau __________

Herr __________

Wie viele Namen haben Sie noch gewußt? Eine ehemalige Teilnehmerin hat nach dem Seminar in kurzer Zeit über 100 Namen ihres Vereines gelernt.

Am Anfang besteht manchmal die Angst, daß man eine Person mit dem falschen Namen anspricht. Man könnte ja zum Herrn Koch aus Versehen Herr Suppe sagen. So etwas passiert jedoch so gut wie nie. Sie sollten natürlich auch darauf achten, daß Ihre Vorstellungsbilder dem Klang des Namens so nahe wie möglich kommen. Und wenn Sie sich einmal nicht mehr sicher sind, dann fragen Sie doch einfach nach.

Teil 8:

Sich Zahlen merken – eine Kunst?

8.1 Wählen Sie die richtige Methode aus

Das Merken von Zahlen bereitet vielen Menschen Schwierigkeiten. Zahlen sind abstrakte Informationen, sie sind nicht bildhaft. Zum Einprägen von Zahlen bieten sich verschiedene Möglichkeiten an. Sie sollten zunächst überlegen, ob Sie sich diese Zahl wirklich merken wollen, und sich dann für eine dieser Möglichkeiten entscheiden:

1. Die Zahl mehrmals wiederholen
2. Die Zahl mathematisch berechnen
3. Die Zahl mit bekannten Informationen in Verbindung bringen
4. Die Zahl auf einer Matrix (Tastatur etc.) sehen
5. Die 1-bis-12-Auslöser der Schubladenmethode verwenden
6. Die Konsonantenmethode (siehe nächstes Kapitel) anwenden

Zu 1.: Wenn Sie z. B. jeden Tag eine Telefonnummer wählen, ist diese nach einigen Tagen eingeprägt. Dies ist die am meisten praktizierte, aber sicherlich nicht die schnellste Methode.

Zu 2.: Wenn Sie einen Hausapparat mit der Telefonnummer 1428 anrufen, fällt Ihnen vielleicht auf, daß 28 das Doppelte von 14 ist. Stellen Sie sich vor, Sie stellen Ihr Auto in die Parkbucht 325. Die Zahlenspielerei 3+2=5 würde dazu beitragen, daß Sie sich die Zahl besser einprägen und sich auch besser an sie erinnern können. Diese Methode ist gut, wenn es sich anbietet.

Zu 3.: Bei der Parkbucht 325 können Sie auch an ein Auto denken, welches mit der Zahl 325 zusammenhängt. Jetzt sollte Ihnen ein BMW 325 einfallen. Manchmal können Sie auch an Geburtstage oder andere bekannte Daten denken. So hat zum Beispiel die Technische Universität in Berlin die Telefonnummer 3140.

Hier könnte man an die Zahl Pi denken: 3,14 und dann die »0« für die Zentrale.

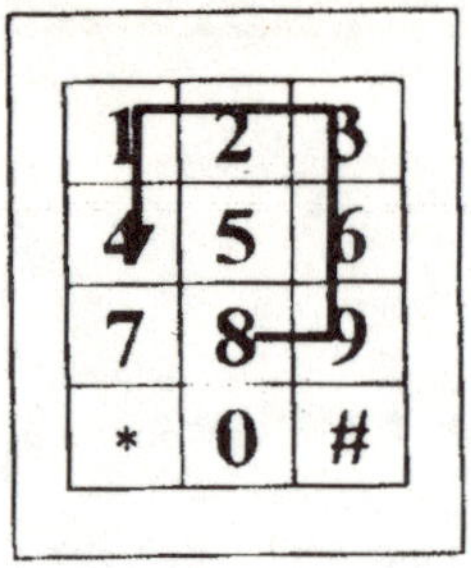

Zu 4.: Bei dieser Möglichkeit stellen Sie sich die Zahl auf der Matrix eines Tastentelefons vor. So könnten Sie sich zum Beispiel bei der Telefonnummer 8963214 die Bewegung des Fingers auf dem Tastenfeld leicht einprägen und sich somit auch wieder leichter daran erinnern.

Zu 5.: Die Scheckkartengeheimzahl 2397 könnten Sie sich beispielsweise so einprägen: Die Zwillinge fahren auf einem Dreirad zur Kegelbahn und treffen dort die 7 Zwerge. Probieren Sie dies doch mal mit Ihrer Geheimzahl aus.

Zu 6.: Siehe nächster Abschnitt: »Die Konsonantenmethode«

8.2 Die Konsonantenmethode

Die Konsonantenmethode ist die komplizierteste, aber auch die wirkungsvollste Methode, um sich Zahlen zu merken. Mit dieser Methode können Sie sich sogar eine 100stellige Zahl merken. Wenn Sie sich oft Zahlen einprägen müssen, rentiert sich diese Methode. Bei geringen Mengen lohnt sich der Lernaufwand für das System nur dann, wenn Sie es als Übung ansehen und nicht sofort an den Nutzen denken.

Sollte Ihnen das System zu kompliziert erscheinen, so überspringen Sie dieses Kapitel mit ruhigem Gewissen und verwenden Sie die vorher dargestellten Methoden.

Bei der Konsonantenmethode werden die *Ziffern in Buchstaben umgewandelt. Vokale haben dabei keine Bedeutung,* sondern werden verwendet, um Wörter bilden zu können. *Doppelbuchstaben zählen als ein Buchstabe* (z. B.: pp = p). *»W« und »H« haben keine Bedeutung.*

Codierungsliste für die Ziffern

Ziffer	Buchstaben	Merkhilfen
0	S oder Z	Zero – Null beim Roulette, »S« gesprochen, mit »Z« geschrieben
1	T oder D	der waagrechte Strich beim T kippt nach links und wird zur 1
2	N	die 2 um 90 Grad nach links gekippt ergibt das N
3	M	die 3 um 90 Grad nach links gekippt ergibt das M
4	R	eine vieR; der französische Wagen R 4
5	L	die römische Ziffer 50 wird wie ein L geschrieben
6	CH oder SCH	die SCHlechteste Note in der SCHule ist die 6
7	G, K oder CK	das 7-Gebirge; der französische Wagen Simca (7-ka)
8	V oder F	Ford hat einen V-8-Motor; 8-ung, Vorsicht Falle!
9	P oder B	die 9 spiegelverkehrt wird p, das horizontal gespiegelt b

Training:

Objekt	Zahl ➡ Buchstaben	Wort	Eselsbrücke
Scheckkarten-geheim-nummer	1 5 8 2 T/D L F/V N	**TELEFON**	Ihre Scheckkarte stek-ken Sie in ein Karten-telefon.
Parkbucht	5 3 9 L M P/B	**LAMPE** oder **LUMP**	Sie sehen an Ihrem Au-to eine Lampe/einen Lumpen.
Telefonnum-mer Herr Specht	6 2 9 0 7 6 CH/SCH N P S K CH/SCH	**SCHNAPS-KÜCHE**	Sie sehen Herrn Specht mit einem Schnaps in einer Küche.
Pizzeria in Bad Vilbel	8 6 4 7 2 F/V CH/SCH R G K/CK N	**FISCHERKAHN** **FISCHRÜCKEN** **FISCHROGEN**	Eine Pizza verbinden Sie mit einem der Wörter auf der linken Seite.

8.3 Die Merkkarte

Die Merkkarte können Sie ähnlich wie die 1-bis-12-Schubladenauslöser verwenden. Wenn Sie sich etwas merken wollen, kommt es wieder darauf an, daß Sie eine klare Vorstellung davon haben. Dann verbinden Sie bildhaft den Zahlenauslöser mit der jeweiligen Information. Wenn Sie mehrere Informationen abspeichern möchten, empfiehlt es sich, pro Auslöser nur eine Information abzulegen.
Die Merkkarte sollte nur als Kurzzeitspeicher verwendet werden. Leeren Sie die Schubladen so bald wie möglich, damit Sie den Speicher wieder frei für die nächsten Informationen haben.

0	See	22	Nonne	44	Rohr	66	Schach	88	Fiffi
1	Tee	23	Name	45	Rolle	67	Scheck	89	VIP
2	Noah	24	Narr	46	Rauch	68	Schiff	90	Bus
3	Mao	25	Nil	47	Rock	69	Scheibe	91	Bett
4	Reh	26	Nische	48	Riff	70	Kasse	92	Bahn
5	Löwe	27	Nicki	49	Rabe	71	Kette	93	Baum
6	Schuh	28	Nivea	50	Los	72	Kanne	94	Bahre
7	Kuh	29	Nabe	51	Latte	73	Kamm	95	Ball
8	Fee	30	Maus	52	Lehne	74	Karre	96	Buch
9	Bau	31	Matte	53	Lama	75	Kelle	97	Backe
10	Tasse	32	Mohn	54	Lore	76	Koch	98	Bifi
11	Tüte	33	Mumie	55	Lilie	77	Kakao	99	Bob
12	Tanne	34	Meer	56	Lasche	78	Kufe	00	Soße
13	Team	35	Mehl	57	Lack	79	Kappe	01	Seite
14	Tor	36	Masche	58	Lava	80	Faß	02	Sahne
15	Tal	37	Mücke	59	Laub	81	Foto	03	Saum
16	Tisch	38	Mofa	60	Schuß	82	Fahne	04	Säure
17	Theke	39	Mappe	61	Schotte	83	Vim	05	Seil
18	TÜV	40	Rose	62	Schiene	84	Feuer	06	Seuche
19	Taube	41	Rute	63	Schaum	85	Feile	07	Sack
20	Nase	42	Rinne	64	Schere	86	Fisch	08	Seife
21	Niete	43	Rama	65	Schal	87	Fock	09	Sieb

Einige Seminarteilnehmer haben die Merkkarte kopiert und ausgeschnitten, weil sie diese immer als Schubkastenauslöser dabei haben wollen.

Die Merkkarte bietet Ihnen außerdem noch ein System, um sich Zahlen schnell einprägen zu können. Unterteilen Sie einfach die zu merkende Zahl in Zweiergruppen, und hängen Sie die Wörter aneinander.

8.4 Fragen zum Kapitel über Zahlen

Was war Ihre größte Erkenntnis in diesem Kapitel?

Worauf werden Sie demnächst beim Einprägen von Zahlen mehr achten?

Wie heißen die sechs Methoden, um sich Zahlen einzuprägen?

Was versteht man unter einer Merkkarte?

Mit welcher Methode merken sich Gedächtniskünstler lange Zahlen?

Welche Methode gefällt Ihnen am besten?

Teil 9:

Wetten, daß ... Sie das auch könnten?

Im Seminar werde ich immer wieder auf außergewöhnliche Leistungen angesprochen, die Teilnehmer im Fernsehen gesehen haben. »Wie kann sich nur einer eine 100stellige Zahl merken? Das könnte ich nie!«

Schade, daß viele ihre eigenen Fähigkeiten abwerten, ohne genau zu wissen, mit welchen Techniken derjenige dies fertiggebracht hat. Ich behaupte, daß die meisten ähnliche Meisterleistungen vollbringen könnten, wenn sie genausoviel trainieren würden. Schauen wir uns also einmal an, wie die entsprechenden Techniken aussehen.

9.1 Fünfzig Namen auf einmal

»Da war jemand im Fernsehen, der merkte sich 50 Namen auf einmal!« Ganz so war es nicht. Es waren Vornamen, und er merkte sich diese auch nicht auf einmal, sondern einen nach dem anderen. Ein kleiner, aber entscheidender Unterschied. Nachnamen sind wesentlich schwieriger als Vornamen. Es existiert nämlich eine Liste mit allen Vornamen. Diese kann man sich vorher in Ruhe anschauen und sich zu jedem Namen ein festes Vorstellungsbild einprägen: Andreas am Andreaskreuz, der Frank im Schrank usw. Ein wenig Phantasie gehört natürlich auch wieder dazu. Mit den gelernten Vorstellungsbildern begrüßt man jetzt einen nach dem anderen und prägt sich einen Auslöser im Gesicht oder der Kleidung mit dem Bild fest ein. Natürlich immer noch eine Meisterleistung, aber machbar.

9.2 Eine 100stellige Zahl

Unvorstellbar, oder? Zuerst müßten Sie ein System wie die Merkkarte auswendig lernen und dann aus der langen Zahl eine Kette mit 50 Bildern machen. Um doppelte Zahlenpaare zu vermeiden, bietet sich in diesem Fall ein System an, das der Merkkarte ähnlich ist, aber nicht nur bis 99, sondern bis 999 geht. Also mit 1.000 Auslösern. Rufen Sie mich an, falls Sie es haben wollen. Die Kette mit 50 Bildern ist machbar. Ich habe es auf einem Flug nach Amerika mit einem

11jährigen Jungen nachts um 4.00 Uhr bis auf 60 Gegenstände in einer einzigen Kette gebracht. Er wurde einfach nicht müde und wollte immer mehr.

9.3 Fernsehshow »Superhirn«

In dieser Fernsehsendung haben die Teilnehmer einige Übungen zum Thema Gedächtnis meist sehr erfolgreich durchgeführt. Falls Sie die Fernsehshow einmal gesehen haben, waren Sie wahrscheinlich tief beeindruckt. Nach der zweiten Sendung wußte man schon, was passieren würde. Die Teilnehmer hatten nach Aussage des Moderators ein intensives Training absolviert, um solche Leistungen zu vollbringen. Wenn Sie ein Seminar mitmachen und dann noch ein paar Wochen weiter trainieren, so können Sie dies wahrscheinlich auch.

9.4 Der Junge mit dem Fahrplan

Meine Frau erzählte mir von einem Jungen, der den gesamten Fahrplan einer Stadt auswendig wußte. Er hatte einen langen Schulweg, auf dem er sich jeden Tag ein paar Stationen einprägte. Tag für Tag erweiterte er sein Wissen über den Fahrplan, bis er ihn schließlich ganz auswendig wußte.

Er nutzte seine tägliche Zeit in der Bahn. Hätte er täglich in einem Buch gelesen, hätte er den Inhalt des Buches gelernt. Hätte er sich kreative Spiele überlegt, so hätte er sich darin verbessert.

Hätte er stumpfsinnig in der Ecke gesessen und Löcher in die Luft gestarrt, so wäre er darin Meister geworden. Man erntet die Früchte, die man sät.

9.5 Der Zauberer mit dem Supergedächtnis

Und da gibt es noch eine Sache, die ich erwähnen möchte. Es gibt einige Zauberer, die in ihrer Show Gedächtnistricks vorführen. Leider kann man als Nicht-Zauberer den Unterschied zwischen einer hervorragenden Gedächtnisleistung und einem Trick nicht so einfach nur beim Zusehen unterscheiden. Passen Sie beim nächsten Mal auf, ob Sie nun den Unterschied erkennen.

Mit all diesen Beispielen will ich verdeutlichen, daß wir alle zu größeren Leistungen in der Lage sind, wenn wir wissen, wie es geht. Außerdem spielen Motivation, Training und eine positive Einstellung eine große Rolle.

Teil 10:

Ihr Gedächtnis beim Zuhören

Letzte Woche besuchte ich einen Vortrag über das Thema EURO. In einer Stunde wurden etwa 60 Folien aufgelegt und in Form eines Monologes Daten und Fakten nur so über das Publikum ausgeschüttet. Die Informationen stauten sich in den Köpfen der Zuhörer, und am Ende wußte man nur noch ein Viertel von dem, was gesagt wurde.

Nur weil es normal ist, ist es noch lange nicht gut, daß die meisten Vorträge so ablaufen. Der Vortragende übernahm auch hier nicht die Verantwortung dafür, ob das Gesagte auch angekommen ist. Vielmehr ging es ihm darum, seinen Stoff durchzuziehen. Da die Zuhörer dies gewohnt sind, widerspricht meist niemand.

Was können Sie tun, um sich bei Vorträgen mehr zu merken? Es gibt hier nur zwei Möglichkeiten: Entweder fragen Sie sofort nach, wenn Ihnen etwas unklar ist, oder Sie notieren so viel wie möglich und verschieben das tiefe Verstehen der Informationen auf später. Bei der ersten Variante könnten Sie sich manchmal unbeliebt machen. Die zweite Möglichkeit ist dafür zeitaufwendiger.

10.1 Stille Post

Sie kennen wahrscheinlich das Spiel »Stille Post«. Als Kinder haben wir es gespielt. Alle sitzen im Kreis. Einer bekommt eine Information und die gibt er ganz leise an seinen Nachbarn weiter. Dieser wiederum an seinen Nachbarn und so weiter. Am Ende kommt die Information total verfälscht beim letzten an.

Vielleicht denken Sie, daß dies nur bei Kindern so ist. In Kommunikationstrainings habe ich das Spiel mit Erwachsenen nachgespielt und mit Video aufgenommen. Obwohl die jeweiligen Zuhörer nachfragen durften, taten es die wenigsten. Als die Teilnehmer sich dann auf Video sahen, lachten sie Tränen. Damit verbunden war die Erkenntnis, daß man als Zuhörender *aktiv* zuhören sollte.

Bei der zweiten Runde mit gleichen Spielregeln und einer neuen Information waren die Ergebnisse viel besser. Die Teilnehmer fragten aktiver nach und wiederholten schwierige Informationen wie Namen und Daten. Eigentlich ganz einfach und sowieso jedem klar, aber achten Sie einmal im täglichen Leben darauf, ob Ihre Gesprächspartner nur nicken und ja sagen oder auch mal die Informationen zur Kontrolle wiederholen (Reflektionstechnik).

10.2 Sich Nachrichten merken

»Die ganze Tagesschau habe ich gesehen, und danach wußte ich kaum noch, was darin vorkam!« Dies sagte mir vor kurzem eine Teilnehmerin. Als ich nachfragte, wurde der Teilnehmerin klar, daß sie sehr wohl noch wußte, was vorgekommen war, wenn man ihr die richtigen Fragen stellte. »Was war in der Tagesschau?« Dies war nicht die richtige Frage. Besser wäre gewesen: »Wurde über eine Umweltkatastrophe berichtet?« »Was ist im mittleren Osten los?«

Hauptsächlich ist es natürlich so, daß wir uns auch nur das merken, was uns wirklich interessiert bzw. was uns persönlich betrifft. So merken sich die meisten die Wettervorhersage ohne große Mühe.

10.3 Sich Vorträge leichter merken

Wenn Sie nach einem Vortrag, den Nachrichten oder einer Besprechung die wichtigsten Punkte aus dem Kopf wiedergeben möchten, dann können Sie Ihre Erinnerung durch gezieltes Einsetzen von Auslösern erleichtern. Man könnte beispielsweise die Kettenmethode oder die Schubladenmethode verwenden.

Ich erinnere mich an den Vortrag eines Firmenchefs vor seinen Mitarbeitern. Ungefähr eine halbe Stunde hielt er eine lebendige Rede darüber, wie es im nächsten Jahr weitergehen sollte. Ich saß bei diesem Teil zufällig dabei, weil wir danach zum Essen verabredet waren.

Ich hatte keinen Block zum Mitschreiben der Rede und merkte mir die wichtigsten Punkte mit der Mnemotechnik. Sein erster Punkt war, daß jeder Mitarbeiter begeistert bei der Arbeit sein sollte. Ich stellte mir kurz meinen ersten Auslöser vor (Formel-Eins-Wagen) und verband diesen mit dem Thema Begeisterung. Das war ganz einfach. Ich sitze im Formel-Eins-Wagen und gewinne. Davon bin ich natürlich ganz begeistert.

Es ist jetzt ungefähr zwei Jahre her, und ich kann mich noch an den achten

Punkt erinnern. Er sagte, daß alle Mitarbeiter den Blick über den Zaun werfen sollten, um neue Märkte zu erspähen. Ich stellte mir die Achterbahn (Auslöser Nr. 8) vor und wie ich in einem Wagen der Achterbahn ganz oben auf der Spitze über einen Zaun auf einen Markt sehen konnte.

Nach dem Training gingen wir gemeinsam essen, und ich sprach ihn auf die einzelnen Punkte an. Er war total überrascht, daß ich mir die Punkte gemerkt hatte. Es war nicht so schwer. Es waren nur 9 kleine Verknüpfungen, die je eine Sekunde gedauert hatten.

An die oben genannten beiden Punkte kann ich mich nach so langer Zeit nur noch erinnern, weil wir uns beim Essen darüber länger unterhielten. Normalerweise verwendet man die 1-bis-12-Auslöser ja als Kurzzeitspeicher und nicht als Langzeitspeicher.

Teil 11:

Arbeitsmethodik

Passiert es Ihnen öfters, daß Sie wichtige Anrufe, Termine oder Geburtstage vergessen? Das liegt nicht an Ihrem Gedächtnis, sondern an Ihrer Arbeitsmethode. Eine »gute« Arbeitsmethode ist meist eine große Entlastung und Unterstützung. Wer Tagesplan, Terminkalender und Aktivitätenliste richtig einsetzt, wird die obengenannten Dinge nur sehr selten vergessen.

11.1 Tagesplan

Viele Menschen führen keinen Tagesplan, weil sie nicht Sklave ihrer Planungen werden möchten oder der Meinung sind, daß das in ihrem Bereich nicht so viel bringe. Sollten Sie einen Tagesplan führen, so ist es sinnvoll, nicht die gesamte Arbeitszeit zu verplanen. Wenn Sie 8 Stunden arbeiten, können Sie durchschnittlich 4 bis 5 Stunden verplanen. Die Restzeit sollten Sie sich für spontane Arbeiten freihalten. Wenn Sie sich überschätzen, kann es dazu führen, daß das gesamte System mit dem Tagesplan nicht funktioniert.

Ich habe Aussagen von Seminarteilnehmern über die Vorteile eines Tagesplans gesammelt. Nachfolgend finden Sie die häufigsten Gründe, warum Tagespläne eingesetzt werden.

Vorteile eines Tagesplans

- kann mich besser konzentrieren
- kann meine Prioritäten leichter und schneller setzen
- tue eher das, was ich auch geplant habe
- kann Arbeiten besser planen
- habe eine bessere Kontrolle über die Zeit, die die Arbeiten gedauert haben

- lasse mich nicht so schnell mit neuen Arbeiten überhäufen
- kann anderen Personen (z. B. Chef) bei Bedarf meine Planung zeigen
- weiß abends, was ich tagsüber gemacht habe
- kann mein Arbeitspensum besser einschätzen
- komme nicht so leicht in Streß
- Probleme sind auf dem Papier und nicht im Kopf
- fühle mich einfach besser, Kopf ist freier

11.2 Terminkalender

Sie sollten nach Möglichkeit nur einen einzigen Terminkalender führen. Mehrere Terminkalender sind meist nicht gleichzeitig verfügbar, und so kann es zu Doppelbelegungen kommen. Ständiges Arbeiten mit dem Terminkalender und dem Tagesplan führt dazu, daß Termine nicht mehr vergessen werden.

Sie sollten sich angewöhnen, genügend Pufferzeiten mit einzuplanen. Das entspannt und hilft Ihrer Konzentration und damit auch Ihrem Gedächtnis.

11.3 Aktivitätenliste

Meistens sieht man bei Leuten, die im Streß sind, daß sie ihre Arbeiten nur schlecht planen. Es sind zwar oft die anderen, die die Arbeit verursachen, aber man ist es immer selbst, der die Menge zuläßt!

Um spätere Arbeiten nicht zu vergessen, empfehle ich eine Aktivitätenliste, auf der Sie alle Projekte, anstehenden Aufgaben und Ziele notieren können. Sie müssen sich somit diese Sachen nicht unnötig merken. Dadurch erhalten Sie mehr freie Energie und können sich auch andere Sachen besser merken.

11.4 Anfangen – Weitermachen – Beenden

Dies ist ein einfaches Grundgesetz des täglichen Arbeitens. Sie fangen eine Arbeit an, machen damit weiter, und irgendwann beenden Sie die Arbeit auch. Es wäre alles ganz einfach, wenn Sie alleine auf dieser Welt wären und nie von anderen unterbrochen würden.

Und dann kommen noch die persönlichen Eigenarten dazu. Probleme kann es in allen drei Bereichen geben. Im ersten Bereich kann man zum Beispiel ein Problem mit dem rechtzeitigen Anfangen haben. Aufgaben werden häufig bis auf den letzten Drücker vor sich hergeschoben, bis dann die Hektik ausbricht. Die andere Möglichkeit ist die, daß man alles anfängt, ohne genügend Zeit zum Weitermachen zu haben. Außerdem kann man Schwierigkeiten mit dem Beenden haben: das Protokoll noch einmal überarbeiten und dann noch einmal und so weiter.

Ich habe den Bereich der Arbeitsmethode hier angeschnitten, damit Sie darauf aufmerksam werden und sich gegebenenfalls intensiver damit beschäftigen. Es könnte sich lohnen.

Manche sagen, daß sie dazu keine Zeit haben. Dazu fällt mir die Geschichte von dem Waldarbeiter ein, der mit einer stumpfen Säge viele Bäume absägt. Er sägt und sägt und sägt. Da kommt ein Wanderer vorbei: »Du mußt mal die Säge schärfen, die ist doch ganz stumpf!« Darauf der Waldarbeiter: »Hab' keine Zeit, muß sägen!«

Teil 12:

Lesen – Verstehen – Behalten

Viele Menschen klagen darüber, daß sie einen Text lesen und nachher nicht mehr wissen, was sie gerade gelesen haben. Die Gründe hierfür sind so vielfältig, daß man darüber ein weiteres Buch schreiben könnte. Da es aber auch mit dem Gedächtnis zu tun hat, möchte ich hier auf die wesentlichen Ursachen kurz eingehen.

Auch beim Lesen haben wir nie gelernt, wie wir es optimal tun. Viele lesen Fachliteratur wie einen Roman. Man fängt am Anfang an und hört am Ende auf. Zwischendrin wird nicht sonderlich viel dafür getan, sich die Informationen auch einzuprägen. Man wundert sich nur am Ende darüber, daß nicht alles hängengeblieben ist.

12.1 Rationelles Lesen

Ziel vorher festlegen

Wenn Sie eine Fachzeitschrift, ein Buch, einen Artikel in die Hand nehmen, sollten Sie sich vorher überlegen, warum Sie das Betreffende überhaupt lesen wollen. Was suchen Sie? Wenn Sie nicht das finden, was Sie suchen, können Sie viel Zeit sparen und das Kapitel einfach überspringen oder den Artikel weglegen.

Überfliegen

Wie bereits oben erwähnt, lesen die meisten Menschen Fachliteratur oder Artikel wie einen Roman. Geschickter ist es aber, wenn Sie wie bei einem Einkauf im Supermarkt vorgehen. Zuerst einmal sich orientieren und alles nur ganz kurz sichten, um die Bereiche zu finden, die Sie wirklich interessieren. Beim Kauf von Fachbüchern könnten Sie zum Beispiel zuerst das Inhaltsverzeichnis lesen und dann gezielt den einen oder anderen Teil in dem Buch. Einleitung und Zusammenfassung geben auch weitere Orientierung.

Gezielt lesen

Dies ist der Punkt, der oft nicht durchgeführt wird. In der Schule haben wir gelernt, daß wir auf keinen Fall in Büchern herummalen dürfen. Deshalb tun es die meisten auch als Erwachsene nicht. Wir nehmen uns aber hiermit eine wesentliche Chance zur intensiven Auseinandersetzung mit dem Lesestoff. Mit einem Stift in der Hand sollten wir die wichtigsten Textstellen markieren, mit Pfeilen verbinden und Anmerkungen neben die Textstellen schreiben. Dadurch prägt sich der Text besser ein.

Wichtig ist auch, daß Sie die Texte wirklich verstehen. Dazu gehört, daß Sie auch manchmal ein Wörterbuch in die Hand nehmen. Kämpfen Sie mit einem Text voller Fremdwörter, so kann ich dazu nur sagen, daß es meistens Bücher mit gleichem Inhalt, aber in einer einfacheren Sprache gibt. *Einen klaren Gedanken kann man auch klar ausdrücken.*

Einprägen und Kontrollieren

Auch diesen Schritt sollten Sie nicht vergessen. Nachdem Sie einen schwierigen Text gelesen haben, sollten Sie ihn zur Seite legen und versuchen, die Inhalte jemand anderem zu erklären. Wenn niemand da ist, können Sie sich ja vorstellen, es sei jemand da. (Das dürfte Ihnen nun keine Schwierigkeiten mehr bereiten.) Erst dabei werden Sie feststellen, wo noch Unklarheiten bestehen und was noch nicht tief genug eingeprägt ist.

12.2 Wegbeschreibungen visualisieren

Zum tieferen Einprägen von Texten kann auch das Aufzeichnen helfen. Man nennt dies Visualisierungstechnik. Als Beispiel hierfür möchte ich die Wegbeschreibung aus dem Eingangstest nehmen: Sie wollen nach Buchstadt fahren und fragen nach dem Weg. Sie könnten dies ja auch auf einem Zettel stehen haben. Schauen Sie sich die Zeichnung intensiv an, und kontrollieren Sie dann auswendig, ob Sie sich die wesentlichen Stationen eingeprägt haben.

Wenn Sie sich einen Weg merken wollen, sind zwei Methoden empfehlenswert:

Entweder zeichnen Sie den Weg mit einem Stift auf ein Blatt Papier oder geistig auf ein großes weißes Plakat. Das Beispiel aus dem Eingangstest finden Sie auf der nächsten Seite. Probieren Sie es doch einmal aus, sich so den Weg zu merken. Verdecken Sie dann die Zeichnung und erinnern sich daran.

Nach Buchstadt fahren Sie

- zuerst Richtung Wurzelbach.
- An der 3. Ampel auf der Landstraße
- biegen Sie links nach Mückendorf ab.
- Sie fahren durch Mückendorf durch und weiter nach Birkenhausen.
- In Birkenhausen fahren Sie an der Post
- rechts nach Deckendorf.
- In Deckendorf geht dann die B 55 links ab. Die nehmen Sie.
- Nach ca. 15 km kommt Buchstadt.

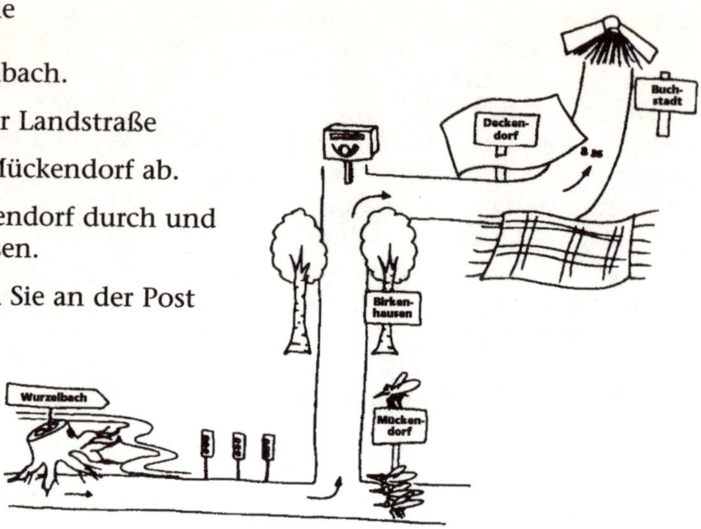

Die zweite Möglichkeit ist die, daß Sie sich in Gedanken zu Hause vor Ihre Haustür stellen und den neuen Weg von Ihrer Haustür aus gehen. Das heißt, wenn jemand sagt, daß Sie die nächste Straße rechts müssen, stellen Sie sich vor, wie Sie aus Ihrer Haustür treten und dann die Nächste rechts gehen. Natürlich nur geistig. Sie verbinden mit dieser Methode einen neuen Lerninhalt (den neuen Weg) mit einer bekannten Information (der Umgebung Ihres Hauses).

Wenn ich nach dem Weg frage, dann achte ich immer darauf, daß ich die neuen Informationen selbst wiederhole. Erst dann merke ich, was noch nicht richtig eingeprägt ist.

Teil 13:

Wie gut ist Ihr Gedächtnis jetzt?

Nachdem Sie nun einige Übungen zur Verbesserung Ihres Gedächtnisses gemacht haben, können Sie Ihren momentanen Stand durch den Vergleichstest feststellen.

13.1 Vergleichstest

Wichtig ist, daß Sie sich immer nur auf die Information konzentrieren, die Sie sich gerade einprägen möchten. Halten Sie auch die angegebenen Zeiten ein, damit Sie zum Anfangstest wieder gleiche Testbedingungen haben. Führen Sie erst alle Übungen durch, bevor Sie an die Auswertung gehen. Insgesamt haben Sie 12 Minuten und 40 Sekunden Zeit für diesen Test. Bitte nehmen Sie jetzt die Zeit.

Geheimwörter

Merken Sie sich folgende Geheimwörter (Zeit: 10 Sek.):

Geheimwort für Computerzugang: ______________________________ *Storch*
Geheimwort für Sparbuch: ______________________________ *Luftballon*

Arbeitsanweisungen

Merken Sie sich 12 Arbeitsanweisungen (Zeit: 2 Min.):

1. Klebeband bestellen
2. Herrn Müller vom Flughafen abholen
3. Fax nach Köln schicken
4. Kopierer reparieren lassen
5. Termin mit Frau Küchler
6. Blumen für Freund kaufen
7. Kaffee für Chef kochen
8. Präsentationsunterlagen kopieren

9. Brief zur Post bringen
10. Einem Kollegen zum Jubiläum gratulieren
11. Aktien verkaufen
12. Herrn Endrich zurückrufen

Namen

Merken Sie sich folgende Namen zu den Fotos (Zeit: 1 Min. 30 Sek.):

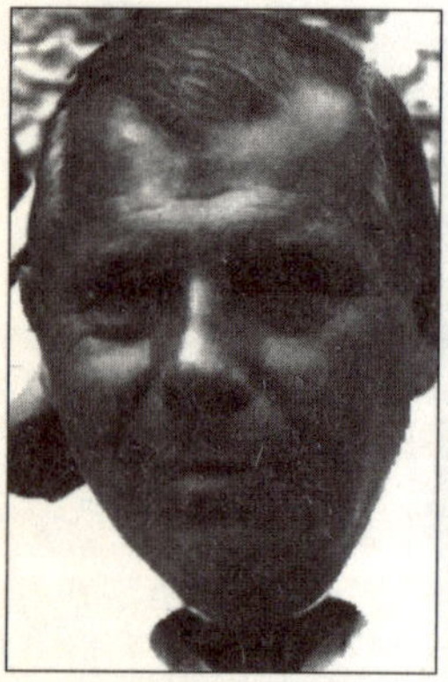
Herr Vahle

Frau Gradel

Herr Koch

Frau Jung

Frau Lehrke

Herr Lotz

Herr Köhl

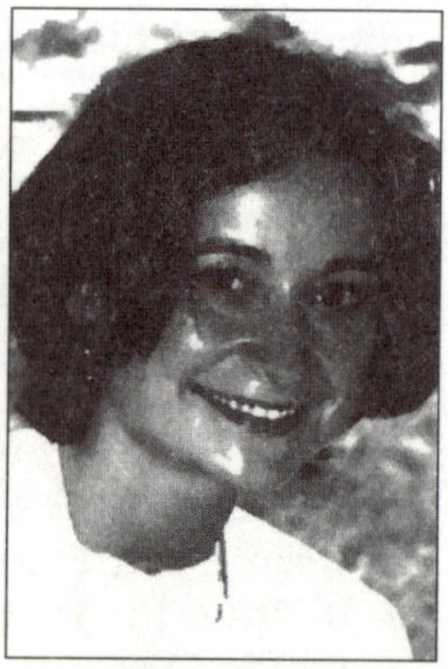
Frau Muntader

Autonummern

Merken Sie sich folgende Autonummern (Zeit: 1 Min.):

FB-AV 258 ER-ST 19 B-LN 738

Vokabeln

Merken Sie sich die deutsche Bedeutung der folgenden italienischen Vokabeln (Zeit: 1 Min.):

casa – Haus	fiore – Blume	finestra – Fenster	camera – Zimmer
porta – Tür	macchina – Auto	cane – Hund	pane – Brot

Einkaufsliste

Merken Sie sich folgende Einkaufsliste (Zeit: 2 Min.):

- Käse
- Toastbrot
- Zwiebeln
- Schnürsenkel
- Mayonnaise
- Salatkopf
- Petersilie
- Teller
- Spaghetti
- Weintrauben
- Blumenerde
- Fotos
- Butter
- Batterien
- Eier

Wegbeschreibung

Merken Sie sich folgende Wegbeschreibung (Zeit: 2 Min.):

Sie wollen nach Ottenhausen und fragen nach dem Weg.

Nach Ottenhausen fahren Sie
- zuerst auf der Autobahn.
- Sie nehmen die Abfahrt Dickdorf.
- In Dickdorf biegen Sie an der ersten Ampel links ab,
- Richtung Zellerfeld.
- Sie fahren durch Zellerfeld nach Mainstadt.
- In Mainstadt fahren Sie an der Kirche rechts.
- Dann müssen Sie über die große Brücke.
- Nach 10 Kilometern kommt Ottenhausen.

Zahlen

Merken Sie sich folgende Zahlen (Zeit: 3 Min.):

Geheimzahl Scheckkarte ______________________________ 8336
Geheimzahl Safeschloß ______________________________ 9574

Telefonnummern

Herr Müller ______________________________ 159632
Frau Meier ______________________________ 132639
Herr Schmidt ______________________________ 284619

Der Test ist nun zu Ende. Haben Sie ihn durchgehalten? Falls ja, dann können Sie bereits stolz sein.

Gehen Sie jetzt zur Auswertung.

13.2 Auswertung des Vergleichstests

Nachdem Sie nun den Test durchgeführt haben, können Sie mit der Auswertung beginnen. Schreiben Sie einfach alles, was Ihnen einfällt, in die jeweiligen Zeilen. Halten Sie sich nicht lange mit Informationen auf, die Ihnen nicht spontan wieder einfallen. Gehen Sie dann zum nächsten Thema, und versuchen Sie es kurz später noch einmal.

Schreiben Sie zuerst alles auf, bevor Sie nachschauen, ob die Ergebnisse richtig sind. Viel Erfolg beim Erinnern an die eingeprägten Informationen.

Geheimwörter

Geheimwort für Computerzugang – 2 Punkte ____________ ________

Geheimwort für Sparbuch – 2 Punkte ____________ ________

Punktzahl ________ (4)

Arbeitsanweisungen

je ein Punkt, bei richtiger Position je ein Zusatzpunkt, gesamt 24 Punkte möglich

1. ______________________________________ ________
2. ______________________________________ ________
3. ______________________________________ ________
4. ______________________________________ ________
5. ______________________________________ ________
6. ______________________________________ ________
7. ______________________________________ ________

8. ____ ________

9. ____ ________

10. ____ ________

11. ____ ________

12. ____ ________

Punktzahl ________ (24)

Namen

pro erinnerter Name je 1 Punkt, bei richtiger Schreibweise je ein Zusatzpunkt, gesamt 16 Punkte möglich

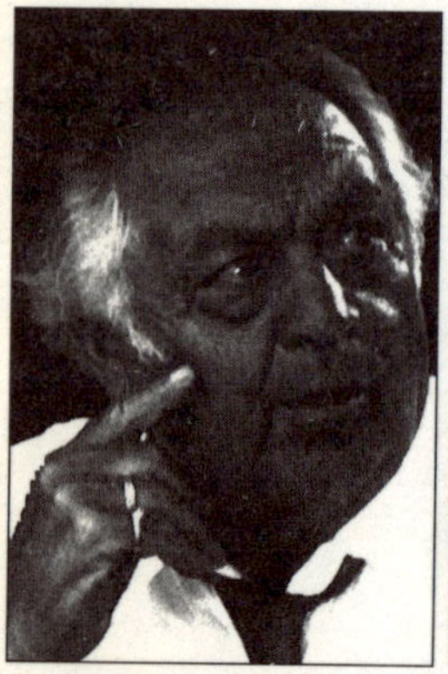

Herr ________

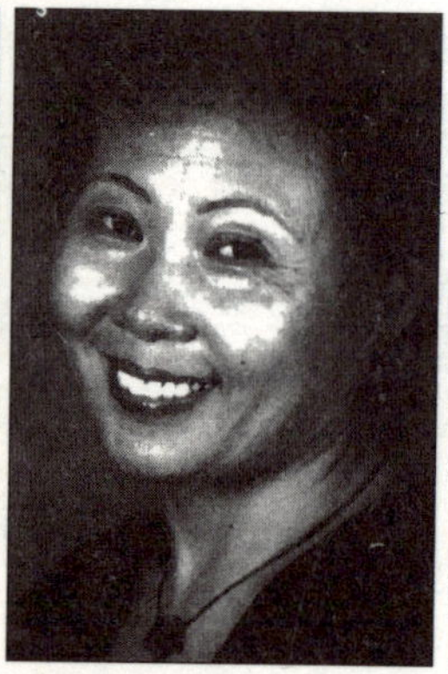

Frau ________

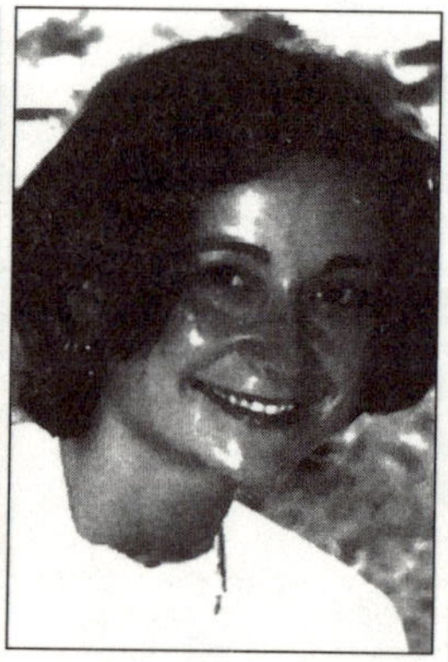

Frau ________

Herr ________

Frau ________

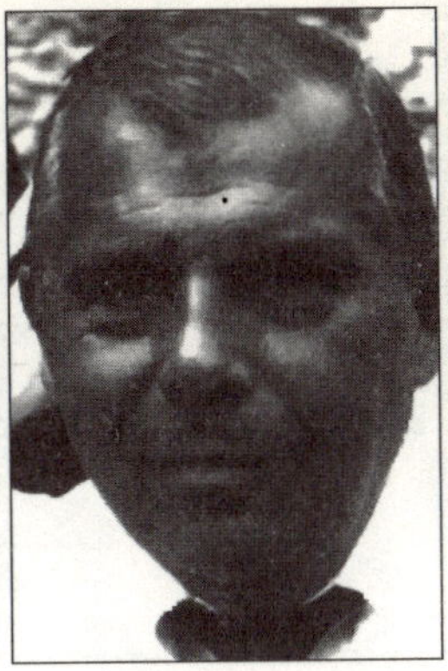

Herr ________

Frau ________

Herr ________

Punktzahl ________ (16)

Autonummern

pro Stadtkürzel je 1 Punkt, pro Mittelbuchstabe je 1 Punkt, pro gesamte Zahl je 1 Punkt, also pro Autonummer 3 Punkte, gesamt 9 Punkte möglich

1. ____________________ ________
2. ____________________ ________
3. ____________________ ________

Punktzahl ________ (9)

Vokabeln

pro richtige Vokabel je ein Punkt, insgesamt 8 Punkte möglich

porta = ____________________ ________

casa = ____________________ ________

camera = ______________________________ ________

macchina = ______________________________ ________

cane = ______________________________ ________

fiore = ______________________________ ________

pane = ______________________________ ________

finestra = ______________________________ ________

Punktzahl ________ (8)

Einkaufsliste

pro richtige Information 1 Punkt, insgesamt 15 Punkte möglich

1. ______________________________ ________
2. ______________________________ ________
3. ______________________________ ________
4. ______________________________ ________
5. ______________________________ ________
6. ______________________________ ________
7. ______________________________ ________
8. ______________________________ ________
9. ______________________________ ________

10. ______________________ ______

11. ______________________ ______

12. ______________________ ______

13. ______________________ ______

14. ______________________ ______

15. ______________________ ______

Punktzahl ______ (15)

Wegbeschreibung

pro richtige Information 1 Punkt, gesamt 8 Punkte möglich
Nach Ottenhausen fahren Sie ...

- ______________________ ______
- ______________________ ______
- ______________________ ______
- ______________________ ______
- ______________________ ______
- ______________________ ______
- ______________________ ______
- ______________________ ______

Punktzahl ______ (8)

Zahlen

pro richtige Ziffer (einstellige Zahl) an der richtigen Stelle 0,5 Punkte, gesamt 4 Punkte möglich

Geheimzahl Scheckkarte = ______________________ ________ (2)

Geheimzahl Safeschloß = ______________________ ________ (2)

Telefonnummern

pro richtige Ziffer 0,5 Punkte, pro richtige Zuordnung plus 1 Punkt, gesamt 12 Punkte möglich

Herr Müller = ______________________ ________ (4)

Frau Meier = ______________________ ________ (4)

Herr Schmidt = ______________________ ________ (4)

Punktzahl ________ (16)

Gesamtpunktzahl ________ (100)

Ergebnis:

0–20 Punkte: Verlieren Sie nicht den Mut. Was hat dazu geführt, daß das Ergebnis nicht so gut ausgefallen ist? Hatten Sie Streß? Konnten Sie die dargestellten Techniken verwenden? Waren die mnemotechnischen Verbindungen nicht so klar?

21–40 Punkte: Wahrscheinlich sind Sie mit Ihrem Ergebnis nicht zufrieden. Haben Sie sich im Vergleich zum Anfangstest gesteigert? Falls ja, um wieviel Prozent? Falls nein, sollten Sie herausfinden, welche Ursache für das nicht so gute Ergebnis in Frage kommt.

41–60 Punkte: Sind Sie mit dem Ergebnis zufrieden? Ich hoffe, Sie haben sich im Vergleich zum Anfangstest gesteigert. Finden Sie die Ursachen heraus, warum es nicht noch besser geklappt hat. Noch ein paar Übungen, und Sie werden noch besser.

61–80 Punkte: Gut gemacht. Wenn Sie besser als im Anfangstest waren, können Sie sich jetzt darüber freuen. Schauen Sie sich an, wo es noch nicht so gut geklappt hat, und verbessern Sie diese Stellen noch weiter. Freuen Sie sich aber auch über Ihr Ergebnis.

81–100 Punkte: Sie sind ja super! Entweder haben Sie von Natur aus ein phänomenales Gedächtnis, oder die Übungen haben ihre Wirkung gezeigt. Haben Sie Lust, anderen Ihre Fähigkeiten zu vermitteln? Falls ja, schreiben Sie mir, vielleicht sind Sie ein/e gute/r Gedächtnistrainer/in.

Teil 14:

Ausklang

14.1 Und wie werden Sie noch besser?

Sie haben dieses Buch jetzt bis zum Ende gelesen, vielleicht sogar durchgearbeitet. Wahrscheinlich hat sich Ihre Merkfähigkeit auch verbessert. Auf jeden Fall sollten Sie von Zeit zu Zeit etwas für Ihr Gedächtnis tun. So verband zum Beispiel eine Teilnehmerin eines meiner Seminare das Sinnvolle mit dem Vergnügen. Sie wettete abends beim Ausgehen öfter um einen Cocktail, daß sie sich 15 Gegenstände in der richtigen Reihenfolge merken kann. Sie gewann immer. Zum Glück spielte sie nicht täglich.

Haben Sie Lust auf mehr bekommen? Sie können auch unsere Hörkassetten oder die CD-ROM bestellen, einen Vortrag oder ein Seminar zu diesem Thema besuchen. Es würde mich sehr freuen, auch Sie als Teilnehmer begrüßen zu dürfen.

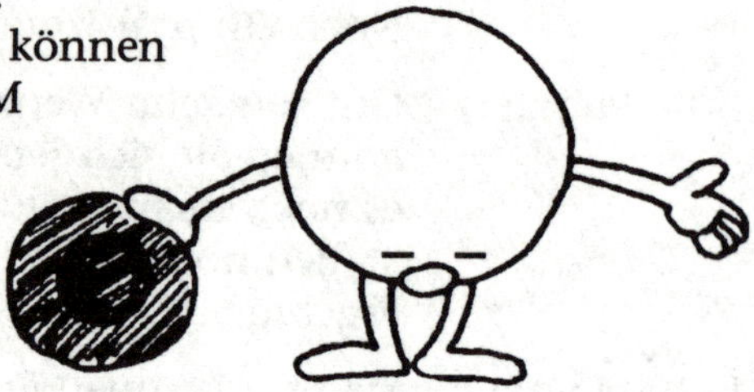

14.2 Ihre Meinung ist mir wichtig!

Ihre Meinung ist mir wichtig. Vielleicht haben Sie Fragen, Anregungen, Verbesserungsvorschläge oder ein Erfolgserlebnis zu diesem Buch. Ich freue mich auf Feedback.

Bitte schreiben Sie an:

miro ku coaching & consulting

Peter Kürsteiner
Auf dem Niederberg 10
61118 Bad Vilbel

Tel.: 0 61 01/888 22
Fax: 0 61 01/837 99
E-Mail: kuersteiner@t-online.de

14.3 Nachbereitung

In diesem Buch wurden viele Tips und Anregungen vermittelt. Notieren Sie sich bitte diejenigen, die für Sie am wichtigsten sind. Konzentrieren Sie sich immer nur auf ein Thema. Versuchen Sie lieber, eins nach dem anderen statt alles auf einmal umzusetzen.

Die wichtigsten Erkenntnisse:

____

____

____

Was möchten Sie bis wann verändern?

____

____

____

Was nehmen Sie als erstes in Angriff?

____

____

____

Wann sind Sie mit Ihrer Leistung zufrieden?

____

____

____

14.4 Tips zum Vergessen

Nachfolgend finden Sie die wichtigsten Tips, um ein schlechtes Gedächtnis zu bekommen. Wenn Sie diese Tips regelmäßig und konsequent befolgen, stellt sich bereits nach kurzer Zeit eine gewisse Vergeßlichkeit ein.

- Achten Sie nur auf die Fehler. Konzentrieren Sie sich darauf, wenn Sie mal etwas vergessen haben, und bauschen Sie es richtig auf.
- Stellen Sie sich unlösbare Aufgaben. Gute Beispiele sind: Wer saß in der 3. Schulklasse zwei Bänke hinter Ihnen? Welcher Wochentag war der 12. 3. 1984? Was haben Sie am Montag vor 7 Wochen zu Abend gegessen?
- Erzählen Sie jedem, daß Ihr Gedächtnis immer schlechter wird. Finden Sie Leidenspartner, und richten Sie regelmäßige Jammerzeiten mindestens einmal täglich ein.
- Freuen Sie sich nicht über Erfolge. Ignorieren Sie diese, oder schreiben Sie es dem Zufall zu. Außerdem: Wer weiß, ob Sie das am nächsten Tag auch noch geschafft hätten.
- Nehmen Sie kein Lob an. Weisen Sie diese lästigen Schmeicheleien sofort von sich. Der andere will sich bestimmt nur einschleimen.
- Nehmen Sie sich keine Zeit zum Abspeichern. Das muß doch in Bruchteilen von Sekunden gehen.
- Ernähren Sie sich völlig ungesund. Der Körper wird das schon verkraften. Schließlich sind Sie Herr im Haus.

Ein guter »Memorator« verhält sich genau umgekehrt.
Überlegen Sie sich, welches Verhalten Sie in Zukunft wählen.

14.5 Literaturempfehlungen

Energie/Gesundheit

Udo Pollmer: »Prost Mahlzeit – Krank durch gesunde Ernährung!« (KiWi)
Harvey und Marilyn Diamond: »Fit fürs Leben« (»Fit for life«) (Goldmann)
Thorwald Dethlefsen: »Krankheit als Weg« (Goldmann)
Werner Christoph: »Transformation« (Alpha & Omega)

Motivation/Managementwisssen

Klaus Kobjoll: »Motiva *c* tion« (Orell-Füssli)
Reinhard K. Sprenger: »Das Prinzip Selbstverantwortung« (Campus)
Ulrich Kramer: »Der schmale Pfad« (Edition Scienterra)
Lothar J. Seiwert, Friedbert Gay: »Das 1x1 der Persönlichkeit« (Gabal)

Gedächtnis/Lernen

Sebastian Leitner: »So lernt man Lernen« (Herder/Spektrum)
Gerhard Reichel: »Der Computer im Kopf« (Reichel)
Fischer, Lehrl: »Gehirn-Jogging« (Mosaik)
Frederik Vester: »Denken, Lernen, Vergessen« (dtv)
Vera F. Birkenbihl: »Stroh im Kopf« (mvg)
Ernst Ott: »Optimales Lesen« (ro ro ro)

Arbeitsmethodik/Zeitmanagement

Lothar J. Seiwert: »Das neue 1x1 des Zeitmanagements« (Gabal)
Lothar J. Seiwert: »Selbstmanagement« (mvg)

Kommunikation

Dale Carnegie: »Wie man Freunde gewinnt« (Scherz)
George Walther: »Sag, was du meinst, und du bekommst, was du willst« (ECON)
Friedemann Schulz von Thun: »Miteinander reden« (ro ro ro)
Jut Meininger: »Transaktionsanalyse« (moderne industrie)
Jürgen Gündel: »Transaktionsanalyse« (pal)

Glaubenssätze/Einstellung

Dale Carnegie: »Sorge dich nicht – lebe« (Scherz)
Dale Carnegie: »Freu dich des Lebens!« (dtv)
Dr. Joseph Murphy: »Die Macht Ihres Unterbewußtseins« (Ariston)
Antony Robbins: »Grenzenlose Energie – Das Power-Prinzip« (Heyne)
Arthur Lassen: »Heute ist mein bester Tag« (LET)